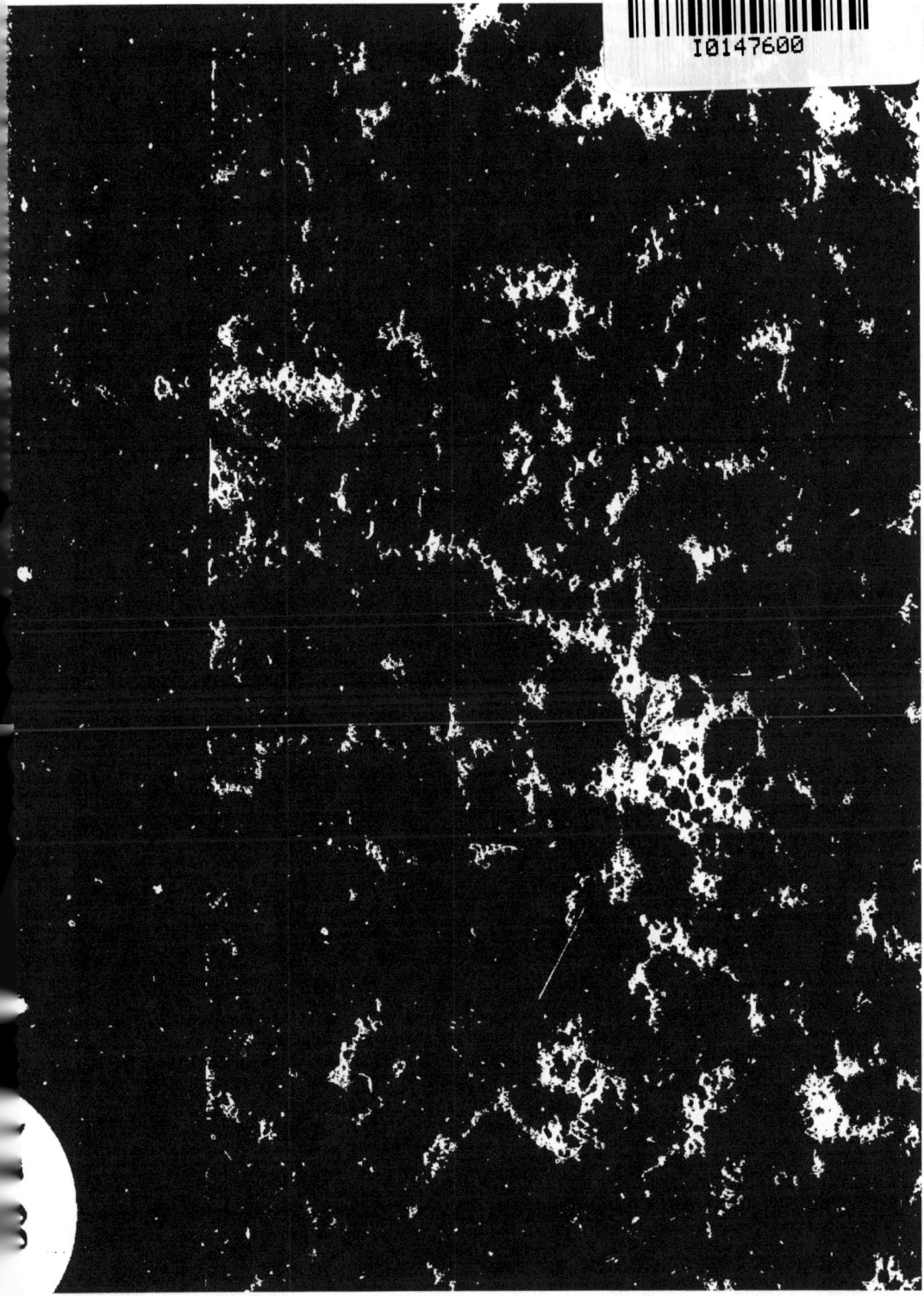

J. DESMARS

REDON & SES ENVIRONS

GUIDE DU VOYAGEUR

REDON

L. GUIHAIRE, Libraire-Éditeur

PLACE DE L'ANCIENNE HALLE

1869

Première Partie

REDON.

Redon (au moyen-âge *Roto, Rothonum*) est située un peu au-dessus du confluent de la Vilaine et de l'Oult, par 45° 39' 5" de latitude et 4° 25' 19" de longitude ouest. C'est une jolie ville de 6,064 habitants, chef-lieu d'arrondissement du département d'Ille-et-Vilaine. Bâtie au point de jonction des canaux et des chemins de fer de Bretagne, reliée aux départements limitrophes par un réseau complet de routes importantes, elle possède encore un port maritime, où remontent, avec la marée, un certain nombre de caboteurs.

Les armes de Redon sont : *écartelé d'argent et de gueules*, écusson d'une élégante simplicité, auquel on joint souvent la devise banale *kaër bihan, brûd vras*, petite ville, grand renom.

L'heureuse situation de Redon au bord d'un bassin arrosé par cinq rivières, sa position centrale au milieu d'un pays pittoresque, en feront pour nous, comme pour le touriste, le point de départ d'excursions intéressantes.

Notre première visite sera pour la ville; nous l'étudierons successivement dans son passé par les documents de l'histoire et les ruines éparses sur le sol, dans son présent par la description des monuments qu'elle conserve, dans son avenir enfin par la constatation de ses développements progressifs au point de vue agricole, industriel et commercial.

HISTOIRE.

Le premier monument écrit qui ait rapport à l'histoire de la ville de Redon est la charte de fondation de l'abbaye au milieu du IXe siècle. Mais bien avant cette époque il existait, — en dehors de Rieux et de la butte Saint-Jacques, reliées à elles par une voie importante, — des habitations gallo-romaines sur le bord de la Vilaine.

De récentes découvertes archéologiques l'ont prouvé, ces habitations n'occupaient pas l'emplacement de la ville actuelle où, à notre connaissance, on n'a jamais découvert de vestiges romains; elles s'élevaient au nord, sur les côteaux de Notre-Dame et de Galerne, où, chaque jour, se rencontrent sous la bêche des briques à rebords, des fragments de poterie et des restes de constructions.

Cette préférence, accordée aux côteaux de Galerne par les premiers habitants, se justifie parfaitement par l'examen des lieux. Il suffit, pour la comprendre, de reconstituer, par la pensée, la topographie de Redon dans les premiers siècles de l'ère chrétienne. Alors, comme aujourd'hui, la Vilaine baignait, à l'est, le pied des collines de la Retraite et du Bois-Brun; mais, à l'ouest, elle remontait le vallon occupé de nos jours par le bassin à flot et les prairies des Douves, entre la gare et la place Saint-Sauveur, Beaumont et les jardins du faubourg Notre-Dame, et formait ainsi un long golfe, profond sans doute il y a dix-huit siècles, peu à peu comblé par les alluvions du fleuve, par les vases des ruisseaux du Tuet, par les empiètements des riverains, et maintenant complétement asséché.

Au moyen-âge, et plus récemment encore, ce bassin s'appelait la Cale-aux-Huîtres; il servait d'abri aux navires du temps, bien inférieurs aux nôtres comme tonnage.

Aussi de ce port, transformé en riches cultures, a-t-on exhumé des débris de chaînes et une vieille ancre de navire.

A l'époque romaine, la Cale-aux-Huîtres avait encore une grande importance, et la preuve, c'est que les ingénieurs conquérants l'évitèrent, lorsqu'ils construisirent leur voie de Rieux vers le nord, et que du Châtelet, où ils arrivaient par leur chaussée du Quefer, ils préférèrent gagner par Coëdilo les pentes abruptes de Beaumont.

Entre cette anse vaseuse à l'ouest et le lit véritable de la Vilaine à l'est, entourée d'eau de trois côtés, s'étendait une étroite langue de terre, par sa position, par sa forme, par son peu d'élévation, trop fatalement exposée aux incursions ennemies si fréquentes alors, pour être habitable et sûre, trop basse d'ailleurs pour surveiller le fleuve et pour être facilement défendue.

Elle était inhabitée; mais un peu plus loin, vers le nord, s'étendaient, nous le répétons, des habitations construites sans doute pendant l'occupation romaine, puis, après le Ve siècle, occupées par des Gallo-Romains, auxquels vinrent se joindre des Bretons, — — comme le prouvent surabondamment les noms cités dans le Cartulaire.

Au IXe siècle, Conwoïon, cherchant un lieu favorable à l'édification d'un monastère, s'arrêta, dit la chronique, sur les bords de la Vilaine. Mais il choisit, et pour exécuter ses pieux desseins dut en effet choisir la pointe déserte, le promontoire, le *Ros*, comme l'exprime énergiquement la charte de 834. L'abbaye s'y implanta, appela forcément autour d'elle des ouvriers, des artisans, vit naître sous ses murs une ville nouvelle, mais sans pouvoir annihiler l'ancienne, le faubourg Notre-Dame, toujours habité, et, 400 ans après la fondation du monastère encore assez important pour attirer à lui le centre de la cité, la paroisse, et pour exiger, près de lui et complétement en dehors de la ville abbatiale, la construction de l'église Notre-Dame, bâtie dès le XIIe siècle et détruite en 1865.

D'ailleurs, il en est ainsi de toutes les villes construites sur la rive d'un fleuve; toujours elles tendent à descendre, à suivre le cours des eaux, à allonger leurs rues de plus en plus vers la mer; mais, en général, cette marche descendante est lente, tandis qu'à Redon l'importante fondation du monastère vint l'activer, la hâter.

Ce fut en 832 que saint Conwoïon obtint du tyern Ratwili la concession de ce *Ros* désert, d'après une charte intéressante, stipulée au bord de la fontaine de Lesfao, dans la paroisse de Sixte-le-Martyr. Deux ans après, le 18 juin 834, Nomenoé, qui s'intitule *lieutenant de l'Empereur Louis*, confirma la donation primitive et lui donna pour limites la Vilaine, l'Oult et une ligne réunissant ces deux rivières de Spiluc au village de Mutsin. Mais il est probable que dans ce vaste triangle, qui forme encore aujourd'hui la commune de Redon, il y eut quelques enclaves qui, aliénées peut-être antérieurement par Ratwili, ne purent être attribuées aux moines.

C'est ainsi que la terre de Botcudon, — bien que comprise dans ces limites, — ne fut donnée à l'abbaye que 60 ans plus tard, le 2 mai 892, « au temps d'Alain, dit l'acte, et lorsque Bili était évêque de Vannes. »

Il en fut peut-être ainsi de l'agglomération d'habitants, — ville ou village, — que nous signalions plus haut sur les coteaux de Notre-Dame et de Galerne. Du moins, nulle mention d'eux dans la charte, à moins qu'ils ne soient compris au nombre des manants, *massis et manentibus*, donnés avec la terre par Noménoé.

L'abbaye naissante ne tarda pas à s'enrichir par de nouvelles donations en Sixt, Bains, Augan, Carantoir, Ruffiac, Pleucadeuc, Guérande, etc. Elle obtint de Louis-le-Pieux, avec la ratification des dons antérieurs, la cession des paroisses de Bains et Langon, et bientôt après de Renac et de Brains.

n instant chassée par les Normands, qui pillèrent ruisirent le couvent, la communauté, après un momentané à Maxent, revint à Redon et répara ses ruines sous l'abbé Ritcant, premier successeur de Conwoïon.

Successivement gouvernée par des abbés influents et habiles, parmi lesquels nous remarquons Liberius et Fulchric au IXᵉ siècle, Ademar au Xᵉ, Catwallon, Perennès et Almodus au XIᵉ, dotée de possessions extrêmement étendues, enrichie de précieuses reliques, l'abbaye Saint-Sauveur était, au commencement du XII⁰ siècle, une des plus considérables de Bretagne et la plus puissante peut-être. Patronée par de hauts seigneurs, défendue par les princes, successeurs de son fondateur Nomenoé, choisie par Alain Fergent pour lieu de prière et de sépulture, luttant de pair pour des prérogatives ecclésiastiques avec les évêques de Vannes, elle avait atteint son apogée de puissance et de grandeur.

Vinrent alors Pierre Mauclerc, ennemi juré, dit l'annaliste de l'abbaye, de tout le clergé breton, puis son fils Jean, qui chassa de leur maison l'abbé Daniel et ses moines.

Dans la dernière moitié du XIII⁰ siècle, les religieux purent rentrer dans le monastère. Ils relevèrent leurs bâtiments et bientôt même « pour oster aux ennemis le moïen de surprendre la ville » construisirent cette belle enceinte de murailles dont quelques parties existent encore.

Mais cette précaution n'empêcha pas la ville d'être prise et saccagée par les routiers anglais de Montfort, commandés par Hue de Caverley : l'abbé Jehan de Tréal, qui tenait pour Blois contre Montfort, fut emmené prisonnier et ne fut élargi que sur la caution de seigneurs influents « qui le pleigèrent o ses religieux. »

En 1422, le duc Jean V voulut établir à Redon un hôtel des Monnaies ; mais l'abbé Raoul de Pontbrient s'y étant opposé « tant pour l'intérest de la jurisdiction... que pour plusieurs au!tres causes, » le duc s'engagea à n'y battre monnaie « que pour le temps et terme de douze ans prochains venans, et tout sans préjudice dudict abbé et couvent. »

Le même siècle vit échouer un autre projet, plus important encore pour l'avenir de la ville. Le duc François I avait obtenu, en 1446, du pape Nicolas V, l'érection de l'abbaye en évêché, avec un diocèse composé des paroisses « d'Aveczac, Fégréac, Macerac, Pierric, Guipry, Pipriac, Lohéac, Baulon-de-Rhoteno, Bayn (Bains), Brayn, Langon, Plano-Castro (Pléchâtel), Burgo-de-Comitum (Bourg-des-Comtes) et Redon. » Malheureusement, trois ans plus tard, sur l'opposition des évêques de Vannes, Rennes et Saint-Malo, de qui relevaient ces paroisses, Nicolas V maintint les choses dans l'état où elles étaient antérieurement.

François I avait convoqué à Redon (1446) les Etats de Bretagne ; François II les y assembla de nouveau en 1460 et en 1461. En 1462, il se rendit à Redon pour recevoir le roi Louis XI, qui « pour un vœu faict en Saint-Sauveur de Redon, alla en personne accomplir ledit voïage, à tout petit nombre de gens ». Louis XI fit don à l'abbaye d'un christ en argent avec six chandeliers de même métal, et plus tard, par lettres d'avril 1483 datées du Plessix-lez-Tours, d'une rente « de quatre mil livres tournoys ».

Vers la même époque, la duchesse Anne fit plusieurs séjours à Redon. En 1489, elle donna au trésor de la communauté cent livres de rentes et un calice en argent du poids de 30 marcs.

La même année, fut ratifié à Redon le traité du Verger, intervenu entre François II et Charles VIII après la bataille de Saint-Aubin-du-Cormier.

Les guerres de religion qui désolèrent la France au siècle suivant ne firent que peu de mal à Redon. La ville laissa entrer Mercœur sans résistance (mars 1588);

plus tard, le sire de Talhouët, gouverneur de Redon, ayant traité pour son compte personnel avec d'Aumont, lieutenant du roi, Mercœur, pour le punir de sa défection, essaya inutilement de surprendre la ville ou de l'emporter d'assaut.

En 1612, les États de Bretagne furent encore assemblés à Redon.

Depuis longtemps déjà, depuis 1474, l'abbaye n'était plus — comme au temps de sa splendeur, — administrée par des abbés réguliers. Comme presque toutes les autres communautés, elle était l'apanage d'abbés commendataires, presque toujours étrangers, quelquefois même laïcs : déplorable abus qui, à la fin du moyen-âge, s'introduisit dans le cloître, détruisit le principe de l'association conventuelle, en affaiblit le régime austère, mais fécond, et prépara, par le relâchement des mœurs monacales, la ruine des communautés religieuses.

Sur la liste des abbés commendataires de Saint-Sauveur, nous trouvons de grands souvenirs et de grands noms : le cardinal Alain de Coëtivy, archevêque d'Avignon; le cardinal Louis de Roussy; le cardinal Bernard Salviati; l'abbé Paul-Hector Scotti; dont le volumineux aveu est conservé aux archives municipales de Redon; le cardinal de Richelieu, le plus illustre et le plus absolu de tous; enfin le cardinal de la Tour-d'Auvergne, archevêque de Vienne.

Tous ces personnages sont connus et appréciés de l'histoire. L'abbaye elle-même a déjà été l'objet de nombreuses publications.

La ville de Redon, elle, n'a pas encore eu son historien; et cependant il y aurait, nous le croyons, des recherches bien intéressantes à faire sur les origines de cette cité ; les liens féodaux qui la rattachaient à la communauté ; son émancipation progressive constatée dès le XIIe siècle par l'admission de ses *borgeix* (*burgenses*) dans les affaires importantes ; ses luttes au moyen-âge ; ses institutions d'où découle plus tard sa prospérité commerciale ; ses développements dans les temps modernes, et son rôle actif à l'époque révolutionnaire.

Ce n'est pas à nous, ce n'est pas dans un ouvrage comme celui-ci, qu'il convient de traiter un sujet pareil ; aussi nous nous bornons à l'indiquer, et nous nous hâtons de passer à la description des monuments de Redon, vers lesquels nous devons, — d'après notre titre — être le *guide* des voyageurs.

MONUMENTS.

Monuments religieux. — Le plus remarquable des monuments religieux de Redon est sans contredit l'ancienne abbatiale, aujourd'hui église paroissiale Saint-Sauveur.

Cet édifice, plusieurs fois remanié, accuse dans sa construction des époques bien différentes ; la croisée et le clocher quadrangulaire qui surmonte l'inter-transept, sont du commencement du XIIe siècle ; la tour isolée, sur la place, et le chœur, de la fin du XIIIe ; la chapelle des Ducs, aujourd'hui sacristie, et les tombeaux, sous labes flamboyants, des absides, du XVe ; enfin la nef et les collatéraux, de la fin du XVIIIe.

La partie centrale, on le voit, est la plus ancienne. Due aux libéralités d'Alain Fergent, mort sous la coulle monastique en 1119, elle offre tous les caractères du style roman secondaire : coupole hémisphérique, arcades à plein cintre reposant sur des colonnes engagées dans de lourds piliers, à chapiteaux ornés de têtes humaines, de filets, de feuillages et de moulures grossièrement contournées en cornes d'Ammon. Les croisillons sont à pignon carré et l'ensemble de la croisée mesure, dans œuvre, 32ᵐ 50 de longueur totale sur une largeur de 10ᵐ 30. Au-dessus de la voûte, élevée de 18ᵐ 50 au-dessus du dallage de l'Église, s'élève le clocher quadrangulaire que surmonte un toit pyramidal. On y accède par une porte pratiquée dans le transept sud, un escalier tournant, qui, par un passage ouvert dans une chambre anciennement habitée sans doute et munie d'une large cheminée, communique avec la galerie du triforium, enfin par des degrés ménagés sur le dos d'un arc-boutant. Cette tour, vue de près, offre de curieux détails d'ornementation. Elle présente trois étages, en retraite les uns sur les autres : le premier quadrangulaire percé sur chaque face d'arcades en plein cintre sur simples pieds droits ; le second flanqué sur ses angles d'un lanternon cylindrique et percé de baies plus petites ; le troisième, enfin, quadrangulaire à angles épannelés, et fenêtres à plusieurs rangs d'archivoltes, retombant sur colonnes engagées, trapues, à chapiteaux ornementés, et surmontées d'arcatures pleines avec billettes. Cette tour a une hauteur totale de 27ᵐ30.

Le chœur, de style ogival, est d'un fort bel effet. C'est une abside polygonale, flanquée extérieurement de contreforts saillants à larmiers et d'arcs-boutants, couverte d'un toit en ardoises masqué à sa naissance par une balustrade en quatre-feuilles. Intérieurement, comme dans toutes les églises importantes, on retrouve les trois étages superposés : les grandes arcades, en ogive lancéolée, sur colonnes groupées, n'ayant pour chapiteau qu'un simple tore sans ornements ; le triforium, galerie à jour, formée sur les murs latéraux, dans chaque travée, de trois baies trilobées, correspondant à un égal nombre de fenêtres extérieures, et dans la courbure du fond de deux baies, chacune d'elles ayant une hauteur de 3ᵐ 30, sur une largeur de 0ᵐ80 ; enfin, au-dessus du triforium, le *clerestory*, avec ses grandes fenêtres à meneaux n'offrant, dans quelques-unes, que des lancettes géminées. Le chœur est formé de onze travées. Il est entouré d'un déambulatoire donnant accès aux chapelles absidiales, voûté comme elles en pierres, avec nervures saillantes agencées avec beaucoup d'art. La tour de la place, séparée de l'église par l'incendie de 1780, et sur laquelle on voit encore les points d'attache de la nef détruite alors, est du même style. Quadrangulaire à la base, flanquée d'une tourelle carrée pour l'escalier et d'épais contreforts, un de chaque côté des angles, elle se termine en flèche hexagonale, hérissée sur chaque arête d'ornements en crosse et entourée à sa naissance d'élégants clochetons. Sa hauteur totale est de 57 mètres. Elle présente cette particularité curieuse qu'elle correspond au collatéral nord et n'est pas, par conséquent, dans l'axe de la nef principale. Cette disposition résulterait-elle d'un obstacle antérieur à sa construction, d'anciens bâtiments, par exemple, occupant la place qu'elle eût dû prendre régulièrement, ou indiquerait-elle, dans le plan primitif, le projet d'établissement d'une seconde tour symétrique au sud, et reliée à la première, comme dans les grandes églises de la même époque, par un riche portail à voussures ornementées? C'est ce que nous ne saurions dire.

Cette partie que nous venons de décrire, bâtie sans doute à la fin du XIII° siècle, par l'abbé Jean de Guipry, inhumé en 1310 dans une des chapelles de l'abside, est d'une austère simplicité. La chapelle des Ducs est beaucoup plus ornementée. Elle fut construite vers le milieu du XV° siècle, et dédiée à Notre-Dame, par Yves le Sénéchal, dont elle porte les armes sur une clef de voûte en pendentif. Elle est éclairée par quatre grandes baies ogivales, à meneaux flamboyants. L'une d'elles, la plus occidentale, porte, — comme la fenêtre du transept nord de l'église de Béganne, — sur l'intrados de l'arc intérieur, une guirlande de vigne fort bien fouillée; comme les deux autres baies du même côté, elle s'encadre, à l'extérieur, dans une grande arcade ogive, destinée, ainsi que le cordon de machicoulis qui relie cette partie de l'église au mur de Jean de Tréal, à compléter le système de défense de la ville.

Les nefs, nous l'avons dit, datent de la fin du dernier siècle; elles sont au nombre de trois, lourdes, basses et reliées entre elles par des arcades en plein cintre sur lourdes colonnes avec tailloirs, engagées dans de massifs piliers carrés; elles nuisent singulièrement à l'effet général du monument, et lui ôtent une grande partie de sa gracieuse originalité.

Il n'en était pas ainsi lorsque la nef ogivale, plus longue et plus élevée, venait harmonieusement se raccorder au transept orné de peintures romano-byzantines et au chœur où tombait une douce lumière, tamisée par les vitraux du triforium et du clerestory.

Hélas! au lieu de tout cela, nous n'avons aujourd'hui qu'une nef aveugle, des verres blancs remplaçant les vitraux où resplendissaient, avec leurs écussons, les donateurs de l'abbaye; un affreux badigeon jaune couvrant les peintures murales, et un large autel renaissance, riche de détails si l'on veut, mais venant lourdement s'épater au fond du chœur et masquer l'élégant diadème de chapelles qui couronnait le front du monument.

Les tombeaux eux-mêmes, si délicatement ciselés, n'ont-ils pas été mutilés, mutilés par les hommes, bien plus que par les années. Que reste-t-il du cénotaphe de François Ier, duc de Bretagne, sous l'arcade admirablement sculptée qui le recouvrait? Et sur les autres dalles funèbres, peut-on, sans hésitation, lire les noms de Raoul de Pontbrient « humble abbé de Redon » mort en 1423; de Guillaume de Tréal « chevalier bon, prouz, et léal » mort en 1341? Et ce Jean de Guipry, qui construisit le chœur de l'église, qui mourut en 1307, regretté de toute la ville, c'est à grand'peine que, sur le bord de sa pierre funèbre, on déchiffre cette épitaphe élogieuse :

Simplex, pacificus, humilis, facundus, honestus
Justus, munificus, mitis, honorificus.

Avant de quitter l'église, signalons, dans les croisillons, deux bons tableaux modernes, donnés par le Gouvernement : le Bon Samaritain et la Donation de Redon à saint Conwoïon et à ses moines ; au-dessus de l'autel, un christ en bois d'un bon travail ; et enfin la chaire, le banc-d'œuvre et les confessionnaux de style gothique, sculptés par M. Hérault.

Les bâtiments de l'ancienne abbaye, occupés aujourd'hui par la congrégation des Eudistes, sont contigus à l'église. Reconstruits au XVIIe siècle, ils présentent des parties intéressantes, le cloître surtout, communiquant avec un préau intérieur par de larges arcades en plein cintre sur piliers carrés avec tailloirs, percé de portes surmontées de frontons demi-circulaires avec tympans décorés de riches sculptures, et présentant aux quatre angles, sur la voûte, quatre caissons ornementés avec goût.

Au-dessus de la porte ouest, on voit une statue de saint Convoïon, et de l'autre côté du cloître, on visite avec intérêt une chapelle qui servait autrefois de sacristie aux Bénédictins. Les voûtes de ce petit édifice, à cintre surbaissé, retombent sur une colonne placée au centre, et portent, sur leurs clefs richement travaillées, quatre écussons : les fleurs de lys de France, les hermines de Bretagne, la devise armoricaine : *Potius mori quàm fœdari*, et le *pax* des Bénédictins, accompagné en chef d'une fleur de lys et en pointe des clous de la Passion. Cette chapelle renferme aussi deux toiles d'une touche vigoureuse, à la Rembrandt, représentant deux solitaires.

Près de la terrasse du collége, où se conservent encore, dans leur écusson sans émaux, les mâcles d'Yves le Sénéchal, s'élève une jolie chapelle construite en 1857, en style ogival primaire, sur les plans de M. Brune. C'est un édifice rectangulaire, avec tribune supportée par d'élégantes colonnettes, baies ogivales sans meneaux à vitraux, et, des deux côtés du magnifique autel principal, deux autels latéraux dans des absidioles s'ouvrant en arcs ogifs. Au chevet, une sacristie de même style, flanquée de contreforts saillants à larmiers et pinacles, est couronnée d'une balustrade en quatre-feuilles.

Comme monuments religieux, la ville de Redon possède encore :

La chapelle à baies flamboyantes du couvent des Calvairiennes fondé en 1629 par D. Nouel de la Reygnerais, que l'histoire de la fondation du Calvaire de Rhedon appelle monsieur de Pléchâtel, et occupé aujourd'hui par le pensionnat des Dames de la Retraite.

Près du bassin à flot, le couvent des Ursulines, dont les fenêtres sont surmontées de frontons semi-circulaires, et dont la chapelle en forme de croix latine, avec transept nord réservé aux Religieuses, renferme un tableau assez curieux.

La Chapelle de l'hôpital, qui a remplacé la chapelle Saint-Pierre mentionnée dans un acte du moyen-âge et ne remonte qu'à la fin du siècle dernier.

Enfin deux édifices beaucoup plus modernes encore, la chapelle des Congréganistes sur la place Notre-Dame, et celle du presbytère (rue de la Gare), de style ogival et d'architecture élégante, avec ses toits élevés, ses contreforts terminés par des clochetons, sa rose formée par des meneaux en trilobes, et sa porte à voussures retombant sur de frêles colonnettes.

Quant à l'ancienne église paroissiale Notre-Dame, elle a été détruite par un incendie, en 1864. Elle offrait, surtout dans les étages inférieurs de son clocher quadrangulaire, des parties romanes intéressantes, tandis que le reste de l'église, par ses meneaux flamboyants, accusait le XVe siècle.

MONUMENTS CIVILS. — *XIVe siècle.* — Les fortifications, élevées vers 1350 par Jean de Tréal, ont presque entièrement disparu. Il ne reste plus guère que la courtine qui, au-dessus du petit port, ou *Port-Nihan*, ainsi nommé par opposition au port principal ou *Port-Bras*,

qui s'étendait au-dessous du pont, — sert aujourd'hui
de terrasse au collége. L'architecture en est très-
simple. Les corbelets, au lieu d'être séparés par une
arcade ogivale, portent simplement un linteau posé
horizontalement. Il y a quelques années, on voyait
encore le long de la promenade une longue portion de
rempart, flanquée d'une tour cylindrique et rejoignant
les défenses de l'église. De là, l'enceinte traversant
la place où se trouvait la porte du Pesle, ainsi nommée
de l'enclos du Pesle occupé aujourd'hui par les jardins
de la sous-préfecture, se rattachait au saillant de bas-
tion qu'on aperçoit encore au bord du chemin de fer,
pour suivre la rue des Douves, remonter le long du
canal vers le pont établi près de l'ancienne porte du
Quefer et rejoindre la rivière près de la porte de la
Digue, ouverte au bout du pont de Saint-Nicolas.

XVe siècle. — Le pont de Saint-Nicolas, qui vient
d'être remplacé par un pont métallique, avait été construit en 1429 par l'abbé Guillaume Chesnel, sur l'emplacement d'un vieux pont en bois. La chaussée elle-
même est fort ancienne : elle est citée dès le XIe siècle
dans le Cartulaire, et il est probable qu'elle remonte,
comme celle du Quefer, à l'époque romaine.

On voit encore dans la ville quelques rares maisons
du XVe siècle.

XVIe siècle. — Il en reste beaucoup plus du XVIe,
notamment dans la grande rue, où leurs façades dispa-
raissent parfois sous les devantures.

XVIIe siècle. — L'hôtel Carmoy (rue du Port), construit
en grand appareil avec bossages, et dont les cheminées
monumentales offrent de remarquables sculptures.

Une jolie maison au bas du port, avec tourelle
carrée en cul-de-lampe, fenêtres à pieds droits riche-

ment ornementés et à frontons arrondis. — Quelques autres édifices moins remarquables.

XVIIIe siècle. — Les maisons du port, quelques-unes de la place Saint-Sauveur, remontent à cette époque ; mais la fin du dernier siècle fut surtout signalée à Redon par le nivellement de la Butte, aujourd'hui la Promenade, le redressement de quelques rues et la canalisation de la Vilaine dans les marais d'Etriel.

XIXe siècle. — A notre époque, l'aspect de la ville s'est complétement modifié par de nouvelles constructions, surtout depuis quelques années. Nous citerons la sous-préfecture, le tribunal avec sa colonnade et son fronton doriques, les halles, malheureusement lourdes et écrasées, etc.

Le XIXe siècle a vu aussi terminer à Redon les travaux de canalisation de la Vilaine, ouvrir les canaux de Brest et Nantes, le bassin à flot terminé en 1848, enfin le chemin de fer et la gare inaugurés le 22 septembre 1863.

COMMERCE, AGRICULTURE, INDUSTRIE.

Depuis la création des voies ferrées, le commerce de Redon a pris une extension considérable. La gare, — comme transit, départ ou arrivages, — a acquis une grande importance, sans que les transports par terre ou par eau aient eu, ce semble, à souffrir de l'établissement de la voie de fer.

L'agriculture, pour l'importation et l'exportation, occupe le premier rang. Elle expédie des blés par chemin de fer ou canal, des sarrasins par mer pour la Hollande, des cidres, enfin des bœufs gras pour Poissy, par chemin de fer, surtout en gare de Beslé et Messac, et reçoit en échange des engrais et des calcaires.

Citons encore comme principaux objets d'exportation les minerais de fer, les bois et les ardoises ; comme
importation, les vins et les sels.

L'industrie, depuis quelques années, s'est dévelop-
pée rapidement sous l'influence de ces voies de communication. Redon a vu naître successivement, en
dépit d'une cristallerie mort-née, des chantiers estimés
de construction navale, une briqueterie au Quefer,
une résinerie au Châtelet, une fonderie à Coëdilo, un
atelier d'instruments agricoles sur le bassin, etc.

En dehors et au-dessus de ces moyens de progrès
matériel, une ville, comme un individu, doit chercher
sa prospérité dans son développement moral et intel-
lectuel, car le dernier mot de la civilisation moderne
n'est pas l'usine, c'est l'école.

Sous ce rapport, sous le rapport de l'enseignement,
la ville de Redon, et c'est pour cela que nous croyons
à son avenir, est une des mieux favorisées.

Redon possède, en effet, deux écoles primaires de
garçons, un orphelinat dirigé par les sœurs de Saint-
Vincent-de-Paule, une salle d'asile, deux pensionnats
de jeunes filles, celui des Dames de la Retraite et celui
des Ursulines ; enfin, pour l'enseignement supérieur, un
excellent collége dirigé par la congrégation des Eudistes.

Le collége renferme un intéressant cabinet d'histoire naturelle, où viennent prendre place nombre de
curieuses collections.

Un autre musée, destiné à conserver les découvertes locales et à permettre à tous l'étude des pro-
ductions naturelles du pays, se fonde par les soins de
la Société des lettres et sciences de Redon.

Deuxième Partie.

ENVIRONS DE REDON.

De la description de la ville, nous passons naturellement à l'étude du pays redonnais.

Dans quelques excursions, — parfois un peu remplies peut-être, — nous nous sommes proposé de faciliter les explorations d'une contrée peu connue encore.

Aussi, aux renseignements matériels qui épargnent souvent de longues incertitudes, avons-nous joint quelques notes historiques et archéologiques destinées à appeler, sur nos monuments, l'attention des visiteurs.

Mais ce que nous ne pouvons décrire, — et ce qu'il faudrait indiquer à chaque pas, — c'est le charme infini, la variété des paysages qui entourent Redon; c'est la beauté pittoresque des bords de la Vilaine ou de l'Oult que, dès le XIᵉ siècle, signalait l'auteur de la vie de saint Convoïon, lorsqu'il écrivait cette phrase, pleine d'un naïf enthousiasme, qui pourrait peut-être servir d'épigraphe à ce petit livre : « Redon, par sa position naturelle, l'emporte en agrément sur les autres contrées de la Bretagne gallicane. De hautes collines, que leur élévation rapproche du pôle, font comme une enceinte de murailles à ce lieu de délices. » *Adeo naturali positione insignis habetur ut amœnitate sua cæteris Britanniæ Gallicanæ locis præstet, montibusque proceritate sua polo vicinis, quasi quibusdam mœniis ambiatur, et omnium deliciarum gratiam proferat gratissima tellus.*

PREMIÈRE EXCURSION.

BAINS.

En voiture, ou mieux à pied : Route de la Gacilly, Vial, la Roche-du-Theil, Saint-Méen, Pierres druidiques de Clavigneul, Bains (7 kilomètres de Redon); — Ruines romaines de Bréhon, Saint-Marcellin, La Bataille. — Saint-Jean-Apileur.

Deux routes conduisent de Redon à Bains : l'une se soudant au-delà de Tournebride à la route de Rennes; l'autre empruntant à la route de la Gacilly la plus grande partie de son parcours.

Cette dernière, — que nous choisissons au départ, — laisse sur la gauche les coteaux de Beaumont; Bahurel, possédé au XVIe siècle par Bertranne Juguen; Saint-Barthélemy, ancien prieuré qui dépendait de l'abbaye de Redon et dont la chapelle, transformée en bâtiments de ferme, présente encore à son chevet une baie géminée à cintre brisé; enfin la Diacraie, où se voient encore des cheminées ornementées, sculptées sans doute au XVIe siècle, du temps de Jean du Bois-Jean, propriétaire en 1536 de cette vieille maison noble. Un peu plus loin, au-dessus du village de Mussaini, cité sous le nom de Mutsim dans la charte de 834, elle rejoint la voie romaine de Rieux vers le nord, pour descendre avec elle sur les bords de l'étang de Vial, limite actuelle de la commune de Bains.

On a cru voir dans l'appellation moderne, Vial, de l'Etang, une allusion au passage de la voie romaine, *lacus vialis*, ou le mot celto-breton *Viel*, qu'on traduit par bief de moulin.

Quoi qu'il en soit, à l'extrémité est de l'étang, tout près de l'ancien fief noble de la Morinaie, tombé dès 1654 en roture aux mains de Claude Bouchard, marchand, « ville et forbourgs Notre-Dame, » on trouve, en assez grand nombre, des briques à rebord et les restes d'un retranchement circulaire, coupé par le chemin de Tournebride et à demi détruit par les défrichements.

Au nord de l'étang, au pied du moulin à vent, se dressent encore quatre ou cinq blocs de quartz, seuls vestiges d'un beau *cromlech*, ou enceinte mégalithique, brisés, il y a peu d'années, pour l'empierrement de la route, et à 50 mètres ouest, un tumulus fouillé autrefois à son sommet.

Un peu plus loin, en suivant vers le couchant les ardoisières, largement exploitées jadis, presque abandonnées de nos jours, malgré la faveur que leur conservent sur nos côtes leur épaisseur et leur grain résistant, mais trop favorablement situées à proximité de routes, près des canaux de Brest et de la Gacilly, du port et de la gare de Redon pour ne pas reprendre un peu de leur importance passée, on arrive à la jolie propriété de la Roche-du-Theil, que signale, au milieu des bois, l'élégant clocheton de sa chapelle ogivale, dans le style du XIIIe siècle. Dans le parc qui entoure

cette vaste habitation, devenue noviciat de la Congrégation des Eudistes, on visite avec intérêt un oratoire
gothique, et, près d'un calvaire monumental élevé,
dit l'inscription, en 1833, par Mme Du Bot de Chas-
sonville, rétabli le 19 avril 1861 par M. l'abbé Gaudaire,
supérieur-général des Eudistes, bénit par Mgr Go-
defroy Saint-Marc, et indulgencé par les Souverains-
Pontifes Grégoire XVI et Pie IX, le cimetière vénéré où
reposent, à côté de leurs disciples, l'abbé Pierre-Charles-
Toussaint Blanchard, restaurateur de la congrégation
des Eudistes, mort à Rennes le 4 septembre 1830, et
l'abbé Jérôme-Julien-Marie Louis, décédé à Rennes, le
30 janvier 1849, prédécesseur de l'abbé Gaudaire comme
supérieur-général de la congrégation.

Du point élevé qu'occupe le calvaire, on voit, dans
un admirable panorama, se dérouler toute la vallée de
l'Oult; plus bas, la Vilaine, que surmonte, sur les hauteurs de Saint-Dolay, la chapelle de Saint-Lien, et que
brisent à droite et à gauche les pointes avancées de
Rieux et des Bellions. On peut compter à l'horizon les
clochers aigus de Saint-Vincent, Peillac, puis Saint-
Jean-la-Poterie, Rieux, Fégréac, et près du bourg de
Saint-Perreux, tranquillement assis au bord de sa rivière, à l'ombre de ses grands ifs, suivre d'un même
regard le cheval qui passe sur la route, le bateau qui
se traîne entre les halages du canal et le convoi qui fuit
à toute vapeur. Un lieu aussi favorablement situé a dû,
or le comprend, être occupé de bonne heure. Et en
effet, sur le sol, avec des tuiles à crochet, on rencontre des scories de fer et des débris de forges qui
ont sans doute valu au coteau le nom qu'il porte encore
de Mannetan (manné-tan, en breton montagne de feu).
La tradition locale dit que là existait jadis un château-

fort, le château du général Malatan, enterré, dit-on,
près du cromlech de Vial, et les vieilles femmes du
pays parlent encore d'une jeune châtelaine qui de-
meurait il y a bien longtemps sur ces sommets, d'une
Héro visitée chaque nuit par un Léandre inconnu,
surprise un soir par son père et précipitée avec son
amant du haut du rocher dans la rivière.

Au pied de Mannetan se trouvent des fours à cuire la
brique de l'époque gallo-romaine, fort bien conservés
et exhumés en 1858, par les soins des Pères Eudistes.
Dans le champ voisin, rouge encore sous les tuiles
romaines, nous avons recueilli dernièrement une très-
belle hache de pierre, et à quelque distance de là, vers
le nord, sous les châtaigneraies de l'Archaie, l'archéologue peut encore fouler des briques à crochet et des
débris de poterie.

A deux kilomètres de la Roche-du-Theil, sur le bord
de la rivière d'Oult, dans un frais vallon, se cache sous
de grands châtaigniers et de vieux ifs, la modeste
chapelle de Saint-Méen, dernier débris, dit-on, du monastère de Bréal, mentionné dans le Cartulaire de
Redon. Ce petit édifice, prêt à crouler de vétusté, est
curieux avec ses naïves statues en bois peint de la
Vierge, de saint Méen, de saint Nicolas, sa charpente
à arbalétriers courbés en ogive, ses baies étroites à
cintre brisé, et ses vieux porches modifiant son plan
primitif en forme de *tau* à un seul bras au nord.

Un peu au-dessus de Saint-Méen, l'Oult descend à
travers les marais, vers le tournant de Tremeleuc,
choisi par un de nos écrivains bretons pour théâtre
épisodique d'un roman, et va baigner les buttes
sombres de la Beau-Louise. C'est un peu plus haut, à
Bougros, qu'il reçoit les eaux de la rivière d'Aff. Ses

bords vers ce point se relèvent à pic, penchent sur l'eau leurs têtes dénudées, à une hauteur de plus de cent pieds, et présentent un remarquable écho qui, dans des circonstances favorables, peut répéter jusqu'à 18 syllabes. De leur sommet, dans un ravissant paysage, on découvre les coteaux de Saint-Vincent, de Peillac; les Fougerets, sur l'autre rive, la Forêt-Neuve et ses grands arbres, Glénac et ses jolis châteaux, l'Île-aux-Pies, au confluent des rivières, l'écluse de la Maclais, les mille bras de l'Oult égarés dans les marais, et le canal alignant orgueilleusement vers Malestroit les peupliers de ses digues.

Au pied de ces rochers, l'Oult a une grande profondeur, et ses flots, poussés par un fort courant, ou soulevés par le vent, rendent parfois difficile le passage de Boro, si lestement sauté, disent les légendes, au moyen-âge, à cheval et d'un seul bond, par un seigneur de Bains, Rouardaie Joue-Rouge, qui partait pour la Croisade. On montre encore sur le rocher l'empreinte des sabots du coursier. — Mais les plus belles choses ont le pire destin : le malheureux Joue-Rouge, à son retour de la Terre-Sainte, au lieu de suivre le même chemin, voulut, comme un simple mortel, passer la rivière en bateau. L'embarcation ayant chaviré, il fut entraîné au fond par le poids de son armure et se noya. Sa cuirasse et ses bottes, religieusement conservées, se voyaient encore naguères, et l'on prétend que son casque se retrouverait encore dans les combles de la vieille église de Bains.

Chemin faisant, entre Bougros et Bains, on peut visiter dans les landes de la Groulaie un fossé de retranchement, entamé chaque année par les nouveaux défrichements, et au-delà des bois, au nord du vieux manoir de Trécouët, perdu dans les arbres, un beau cromlech, caché sous le taillis de Clavignoul.

Bientôt on traverse la route de Redon à la Gacilly, et l'on atteint le bourg communal de Bains.

Dès le IXe siècle, Bains, sous le nom d'*Aquæ Rothonæ*, est cité comme *plebs condita*. Ce fut aux dépens de la paroisse de Bains, donnée toute entière à saint Conwoïon par Louis-le-Débonnaire, que se forma, après la fondation de l'abbaye, la paroisse de Redon, et qu'au siècle dernier (1790) une de ses trèves, Cournon, fut érigée en commune et rattachée, on ne sait pourquoi, au département du Morbihan. Telle qu'elle est de nos jours, en y comprenant Sainte-Marie, sa succursale, la commune est encore extrêmement étendue.

Comme les quatre autres communes du canton de Redon, Bains relevait autrefois de l'évêché de Vannes. C'était un prieuré-curé, à la présentation de l'abbé de Redon, qui y exerçait seul la justice.

L'église paroissiale, que doit remplacer un joli édifice de style ogival, commencé depuis quelques années et encore inachevé, tombe en ruines. Privée de l'appui que lui prêtaient les terres du cimetière, triste à voir avec ses murs penchés, sa flèche dénudée, où se trouve pourtant encore une assez vieille cloche épargnée, à la Révolution, par les habitants du bourg pour servir à l'établissement d'un beffroi communal, elle renferme, associée à quelques restes d'architecture plus ancienne, des vestiges de style gothique, dans ses baies, où se voient encore quelques traces de vitraux, et un rétable d'autel d'ordre corinthien, donné à la paroisse par les Bénédictins de Redon.

Au nord de Bains, au-delà du château moderne de la Rouardaie, construit sur l'emplacement qu'habitait le légendaire Joüé-Rouge, on retrouve, dans les champs du Blcheu et près des importantes minières de Bréhon, les traces de stations romaines.

Non loin de Bréhon, s'élève l'habitation de la Ferrière, et au-delà, avant d'atteindre la lande où se trouvent les pierres druidiques signalées par Ogée, le village de Saint-Marcellin, dont la chapelle, autrefois trève de Bains, conserve des sculptures grossières de l'époque romane.

On signale, près de là, le passage d'une voie romaine; elle suivait à peu près la route actuelle de Saint-Marcellin à Redon, et passait à l'entrée de la prairie où ont lieu chaque année les courses de la commune, sur la chaussée de la Bataille, dout le nom rappelle les sanglants souvenirs de Ballon.

C'est là, en effet, qu'en 845 Noménoé, qui venait d'être proclamé roi, rencontra l'armée franco-saxonne de Charles-le-Chauve. La bataille fut terrible et dura deux jours. La cavalerie bretonne, parfaitement dressée, décida de la victoire par ses charges successives; tantôt elle se précipitait en rangs serrés sur le gros de l'armée franque, tantôt elle se retirait bride abattue, simulant une fuite, pour retomber avec élan sur les ennemis qui, habitués, dit la chronique de Reginon, à combattre corps à corps, étaient complétement démoralisés par ce genre d'attaque. L'empereur, épouvanté, le soir du second jour, abandonna honteusement ses soldats et ses équipages de guerre. Éperdu et jurant de ne plus «relancer dans leur bauge les sangliers bretons,» il courut se renfermer au Mans, pendant que les Bretons s'emparaient de son camp, plein d'immenses richesses, et achevaient les restes mutilés de son armée.

Du monastère de Ballon, témoin de ce brillant fait d'armes, qui avait été fondé au VII⁵ siècle par Maëlmon, évêque d'Aleth, on ne trouve plus aucun vestige. Mais un peu plus au sud, sur la route, on rencontre la vieille maison noble des Champs-Beaux ou Chambots, et derrière les futaies de ce manoir, dans le bois de Coët-merais, quelques traces de l'occupation romaine.

Entre les Champs-Beaux et Tournebride, on voit, sur la droite, le mur d'enclos du Plessix, vaste parc que les moines de Redon possédaient sous l'ancien régime, et dans lequel ils avaient construit des bâtiments d'habitation.

A Tournebride, on rejoint la route de Rennes à Redon; — mais au lieu de la suivre pour rentrer directement, on peut aller, à moins d'un kilomètre de là, près d'importantes exploitations ardoisières, visiter l'antique chapelle dédiée à saint Jean Apileur, ou mieux *Avileur (évangéliste* en breton), pour regagner Redon, par la route de Sainte-Marie, en passant près de Lanruas, où l'on a signalé une station romaine, et près du château de Buard, ancienne dépendance de l'abbaye de Redon.

DEUXIÈME EXCURSION.

LA GACILLY, CARANTOIR, GUER.

Par la voiture publique qui correspond avec le chemin de fer, ou mieux par voiture particulière : Glénac, Cournon; — La Gacilly (15 kilomètres de Redon). — Carantoir (21 kilomètres de Redon). Le Temple, Notre-Dame-de-Fondelienne, Mûr, La Telhaie, Coëtbo; — Guer (32 kilomètres de Redon). — Environs de Guer : Augan, Maure, Paimpont.

La route de Redon à la Gacilly et Guer entre sur la chaussée de l'étang de Vial dans la commune de Bains, dont elle laisse, quatre kilomètres plus loin, le bourg à un kilomètre sur la droite, en face des bois du Trécoët. Elle descend ensuite, en longeant le bois du Clavigneul, où nous avons signalé un monument druidique, dans une large vallée défrichée depuis peu, que fertilise l'important ruisseau de la Bataille, et que limite au nord une chaîne de collines boisées. Sur ces coteaux s'étagent le vieux château des Giraudaies et ses futaies de châtaigniers, le village du Bléheu avec ses champs rouges sous les briques romaines; enfin, plus loin encore, l'habitation de la Ferrière et son rideau de grands sapins. Sur le versant opposé, au-dessous du village seigneurial des Touches, se cache, dans un site ravissant, au bord d'un étang pittoresque, la chapelle Saint-Laurent, avec son humble toit d'ardoises, sa petite nef bordée de bancs de pierres et reliée au transept sud par une arcade en plein cintre, son chevet percé d'une baie à trilobes, ses naïves statues en bois, ses ifs centenaires et sa fontaine miraculeuse où se guérissent sans peine les brûlures les plus invétérées.

Près de Saint-Laurent, au nord, le village de Binon, donné à saint Convoïon et à ses moines, le 20 juin 834, par le tyern Ratwili, peut encore montrer la maison où naquit, au siècle dernier, M. Dubignon, membre de la Convention et auteur de fables distinguées. L'ancienne route de la Gacilly traversait ce hameau avant d'atteindre les crêtes de Branguineul — où l'on voyait encore un beau dolmen détruit depuis peu, — et de Guée, — magnifique observatoire d'où le regard plane sur un vaste horizon, — pour redescendre par des pentes sauvages au fond de la vallée de Cournon.

La route actuelle est peut-être moins pittoresque; et cependant, des hauteurs de Gâtepaille, elle laisse,

comme son aînée, voir les marais de l'Oult et de l'Aff,
son affluent, les coteaux de Glénac qui les bordent, et
au dernier plan, encadré dans ses semis de pins maritimes commencés par l'Etat et continués par les propriétaires, plein de sombres légendes et de mystérieux
souvenirs, le château de la Forêt-Neuve. Ce château
fut bâti en 1625, sur les ruines du rendez-vous de
chasse construit par la famille de Rieux au XV⁶ siècle
et détruit en 1791 pendant les troubles révolutionnaires.
Plus loin, on peut suivre encore sur la gauche la ligne
onduleuse des ardoisières de Saint-Jacob, couronnées
par l'église gothique des Fougerêts. Au premier plan
on distingue Branferré avec ses sables, rivaux, dans
les constructions du pays, des sables de la Loire;
Glénac, avec ses maisons antiques, son église paroissiale avec son abside à pans coupés et sa façade ogivale surmontée d'une tour carrée à flèche hexagonale
en ardoises et accostée de deux contreforts à pinacles;
et au-dessous des habitations du Haut-Sourdéac et
de la Chouanière, la première blanche, avec ses croisées en briques, la seconde sombre et refrognée
sous ses vieux arbres, l'intéressant manoir de Sourdéac.

Ce château se compose d'un grand corps de logis
flanqué sur sa façade nord et sur son pignon ouest
d'un étroit bâtiment quadrangulaire, et au centre de
sa face sud d'une élégante tourelle octogonale en grand
appareil, à trois étages séparés par une large moulure
saillante et percée, comme l'aile qui l'avoisine, de
baies géminées à accolade. Sous ses murs, il y eut,
en 1594, une rencontre entre les ligueurs renforcés
d'Espagnols et les royalistes commandés par le maréchal d'Aumont.

Une branche de la maison de Rieux avait pris le nom de Sourdéac, porté d'abord par Jean, fils de Jean IV, le tuteur de la duchesse Anne, pourvu, sans être entré dans les ordres ecclésiastiques, de l'abbaye de Prières, en Billiers, et de l'évêché de Saint-Brieuc. Le nom de Sourdéac fut illustré successivement, mais à des titres bien divers, au XVIe siècle par René, le vaillant gouverneur de Brest, le fidèle soldat de Henri IV, l'auteur de mémoires inédits vantés par D. Taillandier et suivis par l'historien Mathieu, et au XVIIe siècle par Alexandre, l'un des fondateurs, avec l'abbé Perrin, de l'Opéra en France. Ce Sourdéac fit construire dans son château de Neubourg, puis dans son hôtel à Paris, rue Garancière, une salle de spectacle, où il représentait gratis les tragi-comédies de Corneille ; il vint ensuite à la direction des machines de l'Opéra, où il acquit, par son habileté manuelle, une gloire méritée, disent les contemporains, mais dont se fussent peu souciés sans doute ses ancêtres, les nobles maréchaux de France, d'après cet éloge de Tallemand des Réaux : « c'est un original ; il se fait courir par ses paysans comme on court un cerf, et dit que c'est pour faire exercice. Il a de l'inclinaison aux mécaniques ; il travaille de la main admirablement ; il n'y a pas un meilleur serrurier au monde. »

Un peu au-dessous de Sourdéac est établi sur la rivière d'Aff le passage de Port-Corbin, *Portus-Corvini*, dit-on, sans qu'aucun vestige romain puisse, il nous semble, appuyer cette étymologie. Un chemin vicinal de Bains à Glénac vient s'y rendre de Gâtepaille, tandis que la route de la Gacilly descend plus à l'est et va rejoindre, pour la côtoyer, la rivière d'Aff, auprès des pittoresques rochers de Roche-Creuse. Elle

longe ensuite, après avoir franchi la limite du Morbihan, une chaîne de collines où des affouillements
rappellent d'anciennes exploitations métallifères abandonnées de nos jours, depuis qu'on exploite sur la
rive opposée, au-dessus de Sourdéac, des minerais de
fer plus riches et disposés en filons d'une plus grande
puissance. Enfin, après avoir dépassé la Corderie, elle
débouche sur la chaussée de Pornavä, dans le riche
bassin de Cournon, contourné par un des bras de
l'Aff et fermé par une charmante barrière de collines.

Sur les bords de cette vallée s'étagent en amphithéâtre, vers le midi, à mi-côte, la modeste église de
Cournon, — dont le bourg (chose unique peut-être en
Bretagne) ne possède même pas un cabaret; — sa
maison d'école, son calvaire; tout au fond, sur les
bords du ruisseau de la Croix, les bois du Plessix et
de la Goudelaie; plus haut, le moulin à vent de Tré-
macá en Sixt, avec ses monuments druidiques; au nord
enfin, la ligne montueuse suivie par l'ancien chemin;
tout au bas, la Ville-Janvier, couronnée de ses belles
futaies, et à l'extrémité de la chaussée, l'important
village de l'Etun.

C'est au-dessus de ce dernier village que se voit encore le beau dolmen décrit par Cayot-Délandre et connu
sous le nom de *Tablette de Cournon*. — Une fouille
maladroite, il y a bientôt cinquante ans, a brisé une
de ses tables; mais il offre encore de l'intérêt par ses
dimensions assez considérables (longueur 5 mètres,
largeur 2m70, hauteur 1m50), par le voisinage de
quelques autres pierres qui semblent avoir formé avec
lui un ensemble mégalithique, enfin par sa magnifique
position.

En effet, du sommet qu'il occupe, on découvre un

ravissant paysage, — qu'anime avec la haute cheminée
de ses usines, — la ville de la Gacilly, ses maisons
neuves, la coupole de son temple grec et la tour de
son beffroy communal.

A la Gacilly, dit l'adage gallo, on a toutes ses aises,
*voire des fumiers aux portes des maisons pour monter
commodément à cheval.* Nos pères, qui parlaient ainsi,
ne reconnaîtraient plus la Gacilly : d'élégants trottoirs
remplacent ses fumiers ; son pavé brisé est devenu le
macadam ; ses maisons qui, le long de sa vieille rue
tortueuse, grimpaient au coteau avec tant de crânerie
et si peu d'aplomb, se reconstruisent et descendent sur
la nouvelle route, étaler dans un alignement correct leurs
façades régulières en belle pierre de taille ; sans singer
la princesse dans les grands airs qu'elle se donne, comme
le dit un spirituel écrivain breton, la *paysanne* veut un
peu suivre la mode, s'haussmanniser et s'humaniser ;
elle désire, — et nous l'en approuvons fort, — quitter
ses airs campagnards, se décrasser, tenir boutique, faire
du commerce, expédier ses bois, ses grains, ses farines,
ses pierres, et voir à ses pieds, dans l'Aff prochainement
canalisé, toute une flottille de bateaux aborder à ses
quais. Elle court vers l'avenir sans regarder en arrière,
sans penser au passé. A la place de son vieux pont du
XIVe siècle, gothique casse-cou qui faisait pâmer d'aise
les antiquaires et trembler de peur les charretiers, elle
élève un viaduc solide et confortable. Au lieu de sa
vieille chapelle qui faisait si piteuse mine, mais où
Françoise d'Amboise aimait à venir prier, elle a bâti une
église de style grec, avec portique, fronton et entablement, bien nue à l'intérieur malgré une copie qui n'est
pas sans mérite, de la *Femme adultère,* donnée par le
Gouvernement ; et c'est à peine si elle se rappelle que,

derrière ce Panthéon où des niches vides attendent sans doute les futurs grands hommes de leur cité reconnaissante, existait autrefois le vieux manoir du Houx, construit, dit-on, dès le VI° siècle, possédé successivement par la maison de Montauban, par la sainte femme, aujourd'hui canonisée, de Pierre II, par la famille de Rohan, puis par les La Bourdonnaie, brûlé en 1594 par les Anglais du maréchal d'Aumont, et enfin, cachant aujourd'hui sous les ajones sa motte féodale et ses décombres tant de fois, mais si inutilement fouillés.

Il faut aller un peu plus loin, à 500 mètres sur la route de Malestroit, pour voir un fort beau menhir de 5^m70 de hauteur, près duquel gît renversée une autre pierre de 5^m60.

De l'autre côté de la Gacilly, à un kilomètre environ est de la minoterie, se dresse sur le fossé gauche de la route de Sixt un menhir de 3 mètres. Il est situé dans la commune de Sixt, *plebe Sixti martyris*, dit le Cartulaire, vieille paroisse où, dès le IX° siècle, habitait au manoir de Lis-Fau (aujourd'hui Lesfau) le tyern Ratwili, possesseur du territoire de Roton, Souvent cité dans les chartes de l'abbaye, Sixt avait dû être, antérieurement à la conquête romaine, un lieu de prédilection pour les races celtiques. Les pierres druidiques y abondent et forment une ligne est-ouest, composée de tumulus, de rochers travaillés, de blocs semés irrégulièrement ou disposés en cercles, en croissants, en lignes parallèles, et allant rejoindre les monuments de Cojoux, en Saint-Just, pour se continuer avec eux jusqu'à la grée de Langon, et tracer ainsi de l'Aff à la Vilaine le troisième côté d'un triangle dont les deux premiers côtés sont limités par ces rivières elles-mêmes. Un ancien recteur de Sixt, dont nous avons eu entre les mains les notes manuscrites, après avoir mentionné cette particularité, indique les amoncellements de roches situés au midi et près du bourg, comme un *ancien atelier de pierres druidiques*. On pourrait en dire autant des blocs qui portent, près du calvaire, à l'est de l'église, une image de la Vierge de la Salette, des buttes de Pommery, des rochers de Bocadève, — et peut-être avec raison.

La rivière d'Aff limite à l'ouest le département d'Ille-et-Vilaine et la commune de Sixt, où elle entre en sortant de la commune de Bruc pour recevoir au-dessous de la Chapelle-Gaceline les eaux du gros ruisseau de Rahun, et passer près des anciennes fortifications de la Villebeau, vieux manoir que ne mentionnent, dans leur longue nomenclature des seigneuries de la paroisse, ni Ogée, ni l'auteur anonyme du Guide historique et statistique d'Ille-et-Vilaine.

La route de la Gacilly à Guer suit à peu près une ligne parallèle à la rivière. Elle passe en sortant de la Gacilly sur la chaussée d'un étang aujourd'hui desséché, franchit le Rahun deux kilomètres plus loin, et après avoir gravi les coteaux de Brangolo et du Tertre, descend au bourg de Carantoir, la Ville-au-Couvreur (Ker-an-touer), disent les archéologues.

Ce gros bourg n'offre qu'un médiocre intérêt. Son église, dédiée à saint Marcoulf, quoique romane, n'a rien de bien remarquable. Elle est à trois nefs séparées par de lourds piliers portant sur simples tailloirs des arcades en plein cintre. Bâtie en petit appareil, et flanquée de contreforts peu saillants sans larmiers, elle présente dans sa partie méridionale des fenêtres de l'époque de transition, à cintre brisé. Dans la chapelle nord, on remarque, la main ouverte pour recevoir l'obole des laboureurs, une statue assez grossière de saint Jugon, le patron des cultivateurs et des pâtres, l'enfant du pays ; le petit *pâtour* de saint Martin, qui, pour aller à loisir écouter les pieuses leçons de son recteur, traçait autour de son troupeau, avec sa miraculeuse baguette, un cercle que les loups ne pouvaient franchir ; saint Jugon qui continue encore à protéger le coin de terre où il a vécu.

Carantoir est un des plus anciens plous. du diocèse de Vannes, souvent mentionné dans les actes du Cartulaire de Redon ; il renfermait au moyen-âge un nombre considérable de terres et seigneuries. Il eut aussi au village du Temple, aujourd'hui succursale de la paroisse, une importante commanderie de Templiers dont il ne reste plus que quelques maisons peu importantes. L'église qui existe encore, assez vaste, mais sans intérêt architectonique, renferme dans un enfeu, à gauche du chœur, un tombeau surmonté de la statue en bois d'un chevalier, couché, les mains jointes sur la poitrine, la tête posée sur un coussin, ceint d'une épée, et présentant sur son écu des traces de peintures presque effacées. Cette commanderie était importante. Elle étendait sa juridiction sur les deux commanderies du Guerno et de Lantiern, en Arzal, et ses habitants jouissaient chez eux du droit d'asile, étaient exempts d'aller à la guerre et ne devaient aucune corvée.

Entre Carantoir et le Temple, dans la petite chapelle de Notre-Dame de Fondelienne, que la tradition regarde comme bâtie par d'anciens moines, on peut voir une vierge miraculeuse, une chaire de style ogival, et, dans un ancien tableau, l'écusson de la famille Le Roy, seigneurs du château voisin de la Meule.

En sortant de Carantoir, la route de Guer longe les bâtiments d'un ancien collège aujourd'hui abandonné par maîtres et écoliers, laisse à droite les jardins du Bois-Jumel et la chapelle moderne construite en 1866 dans le cimetière communal; un peu plus loin, à gauche, la jolie habitation de la Guichardaie, propriété de la famille de Carheil, passe, du même côté, près de pierres druidiques, non loin d'un village qui porte le nom significatif de *Brambé* (colline du tombeau), et enfin, à 4 kilomètres environ, croise, à l'entrée de l'avenue du manoir de Trelo, établie sur sa chaussée même, la voie romaine de Vannes à Rennes. Il faut suivre cet ancien chemin vers l'est, traverser avec lui une pâture où il a conservé toute son ampleur et remonter avec lui au château de Mûr. Là, près du vieux manoir, sur une éminence appelée encore le camp des Romains, s'élèvent, dans une admirable position, à plus de 40 mètres au-dessus de la rivière d'Aff, d'anciennes fortifications, formées, vers le nord-ouest, d'un double fossé bordé de parapets énormes, et des autres côtés, naturellement défendus par leur situation à pic au-dessus de la vallée, d'un simple retranchement. En avant, vers l'est, deux ouvrages considérables, établis à mi-côte, commandent le passage. Dans les champs voisins, surtout à l'ouest du château, les briques à crochet couvrent le sol, et dans l'enceinte même, un de nos plus regrettés archéologues, M. l'abbé Marot, de Rochefort-en-Terre, trouva, au mois de juillet 1845, à moins d'un mètre de profondeur, une couche de ciment recouvrant des cendres, des fragments de poterie, des ossements. Peut-être, comme le fait judicieusement remarquer M. le Dr Fouquet, ce poste aurait-il été occupé au moyen-âge, et le camp romain serait-il devenu redoute féodale. Dans tous les cas, ce point, à l'époque romaine, devait avoir une importance sérieuse. D'un accès difficile, presque imprenable, il défendait le gué de Marsac et protégeait la voie qui traverse la rivière. Or, d'après nos recherches locales et nos études sur les monuments romains de cette partie de la Bretagne, nous avons lieu de penser que la voie — après le pont de Marsac et avant d'atteindre la chapelle de la Ronceraie — se bifurquait, la branche sud, par Saint-Séglin et Lohéac, atteignant au Port-Neuf la Vilaine qu'elle franchissait sur un pont pour tendre vers Angers, en passant par Pléchâtel, Bain, Ercé-en-Lamée, où M. Bizeul et, tout dernièrement, M. l'abbé Guillotin de Corson, ont signalé des tronçons de voie romaine ; la branche nord, bien reconnaissable encore entre la chapelle de Lorette et le beau château du Lardais, puisqu'elle sert de limite aux départements du Morbihan et d'Ille-et-Vilaine, se dirigeant vers Rennes en passant au-dessus du bourg de Maure. Nous pensons aussi que cette voie, — qui serait alors le véritable chemin d'Ahès du pays gallo, l'*Hent-Ahes* des Bretons, la voie de *Juliomagus* à *Vorganium*, mais qui, à l'aide de deux tronçons, l'un de Vannes à Sérent (Morbihan), déjà signalé, par Saint-Avé, Monterblanc, Trédion; l'autre, du pont de Marsac à Rennes, par Maure, reliait, par une ligne presque directe, les deux cités de Vannes et Rennes ; nous pensons, dis-je, que cette voie doit être croisée quelque part, mais pas très-loin de Mûr, par la voie qui se détache à Conquereuil (Loire-Inférieure) de la voie de Blain à Rennes, et qui, par Beslé,

Langon, Saint-Ganton, semble tendre vers Corseul, en empruntant sans doute sur son parcours les restes pavés indiqués au nord de Guer par M. Bizeul.

Mais, laissant de côté les observations qui doivent être l'objet d'un travail spécial et d'ensemble, nous nous hâtons de signaler, avant de quitter Mûr, au-dessous des retranchements, un beau menhir en quartz, et d'indiquer, sans y insister, la direction vers l'ouest de la voie romaine par Trelo, et les landes de la Telhaic et de Tréal.

La Telhaic, que nous laissons à un kilomètre de la route de Redon à Guer, est une succursale de Guer, bâtie depuis peu sur une colline aride, mais pittoresquement semée de rochers d'un joli effet. Ce pays des sites sauvages est aussi, — et cela se comprend, — le pays des légendes. Sur ces coteaux, il y a des *grées qui sonnent le creux*, disent les paysans, et qui renferment dans leur sein les habitations souterraines de génies malfaisants. Demandez aux pâtres mélancoliquement assis près de leurs vaches maigres, s'ils n'ont pas vu, la nuit, la *belle Jeannette*, entrée, on ne sait par où, dans leur chaumière, s'approcher du foyer, raviver les tisons à demi-morts, et se chauffer doucement quand on l'accueille sans se plaindre ; mais au moindre geste inhospitalier, se lever avec colère et souffler le feu avec tant de violence que les étincelles ont bientôt embrasé et réduit en cendres la pauvre cabane. Et le fermier qui s'attarde devant la table du cabaret, couverte de *pichets* vides, le soir des foires d'Augan ou des marchés de Guer, n'a-t-il pas vu souvent cette malicieuse Jeannette qui parfois le poussait, le bousculait d'un côté à l'autre du chemin, ou le roulait dans un fossé et l'y laissait jusqu'au jour,

ou, tout près de sa porte, le retenait des heures en-
tières par une jambe, lorsqu'il avait réussi à passer
l'autre par-dessus l'échalier de son courtil ?

Cependant, — pour vous rassurer, je vous dirai — et
je crois pouvoir l'affirmer — que, dans toutes ces *appa-
raissances,* le cidre du pays est bien pour quelque
chose. Il est bon généralement, et, dans toute la contrée, le verger a remplacé sans désavantage, je le pa-
rierais, le *costau de vigne,* comme disait Saint-Amand
au marquis de Pontménars, son ami,

> Qui seul est de ma muse digne,
> Et que je veux si bien louer
> Que Bacchus le puisse avouer.

Ce vin, tant vanté par le poète, se récoltait à deux
kilomètres de la Telhaie, sur la terre de Coëtbo, que
nous allons traverser. Le Pontménars, à qui s'adressent
ces vers bachiques, avait établi dans son château de
Coëtbo un atelier de fausse monnaie. Ayant eu maille
à partir avec la cour de Rennes, il réussit, sans bourse
délier, à gagner son procès. Il acheta ses juges et les
paya en fausse monnaie ce dont, on le pense bien,
ils n'osèrent se plaindre.

Le château de Coëtbo, qu'habitait ce seigneur, pendu
plus tard, — mais en effigie, — pour ses démérites,
occupe au-dessus de la route de Guer une magnifique
position. Bâti dans le style un peu lourd du XVIIᵉ siècle,
il tourne vers la cour d'honneur et les belles futaies
qui l'abritent sa façade souvent comparée à celle du
Palais-de-Justice de Rennes, flanquée de deux ailes
et surmontée d'un fronton triangulaire, dont le tympan,
— ainsi que les piliers du massif escalier en style du

temps, — portent encore le blason des anciens possesseurs. De sa façade postérieure, tournée vers la
route et sans ornementation, il semble planer sur tout
le paysage, et du haut de ses collines, regardant fière-
ment, sur la rive gauche de l'Aff, les côteaux s'étager
en amphithéâtre devant lui, il peut compter vingt clochers accroupis à ses pieds ou perdus dans les brumes
de l'horizon.

En 1832, la *Société nationale*, présidée par M. de
Girardin, fonda à Coëtbo un *Institut agricole* où devaient
être admis gratuitement deux cents élèves. Les vastes
bâtiments de Coëtbo furent appropriés sans trop de
peine à cette destination. Une distillerie même fut
construite dans une des ailes du château. Mais ce
projet ne put réussir, et Coëtbo, dès lors, est redevenue
une propriété privée.

En face de Coëtbo, sur les bords de l'Aff, on aperçoit
le clocher de Comblessac (Comb-bleiz-ac, la Vallée-
aux-loups), la patrie du saint fondateur de l'abbaye de
Redon.

Bientôt on rencontre la petite rivière d'Oyon qui,
quelques pas plus loin, va se jeter dans l'Aff au-dessous
des habitations de Craon et du Bois-Jean, fort agréablement bâties sur les hauteurs voisines, et 1,500 mètres
plus loin, on entre dans le triste faubourg de Guer.

Ce chef-lieu de canton n'a que bien peu d'importance.
Délaissé par les chemins de fer et les canaux, sans
prospérité commerciale, il n'a même pas un monument
à offrir à l'impatience du touriste. Et cependant, dès le
moyen-âge, nommé *plebs condita Guern*, paroisse considérable — surtout par le nombre de terres nobles
qu'elle renfermait — de l'évêché de Saint-Malo, elle
avait vu longtemps avant, le second évêque de ce dio-

cèse, saint Gutwal ou Gurwal, venir sur son territoire finir ses jours dans la vie érémitique.

Il ne reste nuls vestiges à Guer de l'habitation de ce saint prélat. L'église, commencée en 1805, est peu remarquable, et c'est à peine si, çà et là, quelques vieilles maisons rappellent à l'antiquaire le passé de cet ancien bourg.

Ce que Guer peut montrer avec orgueil aux voyageurs, c'est sa banlieue si riche en beaux paysages, en souvenirs charmants; nous ne saurions, sans dépasser les limites de ce guide, décrire avec détails les intéressantes excursions qu'on peut faire dans le pays; nous nous contenterons d'indiquer les principales.

Excursion à Augan (10 kilomètres de Guer). — Les voitures publiques de Guer à Ploërmel traversent le bourg d'Augan. Au nord-est de ce chef-lieu communal s'ouvre un frais vallon qui est, dit avec raison Cayot-Delandre, l'un des sites les plus romantiques de Bretagne. Sur les collines qui le bordent, on voit la grotte de saint Couturier, pauvre ermite qui passait sur le rocher ses nuits en prière et, pour rendre sa pénitence plus rigoureuse encore, trempait le soir ses vêtements dans l'eau du ruisseau. Près de là se voient encore des dolmens bouleversés, qui n'ont de remarquable que leur orientation nord-sud; ce sont les seuls que nous connaissions ainsi disposés, et les seuls peut-être qui fassent exception à la règle constante de l'orientation est-ouest.

Excursion à Maure. — Maure est à 11 kilomètres de Guer. C'est un chef-lieu de canton de l'arrondissement de Redon, décoré jadis du nom de ville et cité dans le Cartulaire de l'abbaye Saint-Sauveur, sous le nom de

Plebe Anast. Ses seigneurs lui donnèrent au moyen-âge une certaine importance. Maure conserve sur ses landes quelques monuments druidiques, et en dehors de ses souvenirs, n'a d'importance que par ses jolis sites, épars sur différents points de la commune.

Excursion à Paimpont. — Paimpont est à 14 kilomètres de Guer. Pour s'y rendre, on suit d'abord le chemin vicinal qui passe près de la minière de Coëtquidan, en face de Saint-Raoul, succursale de Guer, établie il y a peu d'années et dotée d'une église neuve. On traverse le village de Saint-Malo-de-Beignon, vieille paroisse citée dès le IXe siècle dans une donation faite à Salomon, successeur d'Erispoë, par une descendante de Judicaël, nommée Rohiant-Drek, de ses domaines en Reminiac, Motoriac et Macleat. Saint-Malo fut pendant le moyen-âge la résidence favorite des évêques d'Aleth ou Saint-Malo et le siége d'un collége assez important. On peut voir encore leur chapelle érigée (1843) en trève de Beignon et renfermant les tombes de quatre prélats, et leur château, vendu nationalement à la Révolution, transformé par la famille de Cheffontaine en une habitation moderne entourée d'un ravissant jardin anglais, et devenu en 1843 le quartier-général du duc de Nemours, pendant les opérations militaires du camp d'instruction établi sur les landes du Thélin, voisines de cette jolie villa.

A 2 kilomètres au-dessus de Saint-Malo, on prend la route impériale de Paris à Lorient; mais, avant de descendre avec elle au Pont-du-Secret, il faut voir, tout près de là, au bourg de Beignon et dans son église paroissiale, de magnifiques verrières du XVIe siècle, données sans doute par un évêque de Saint-Malo, et représentant avec une admirable richesse de couleurs la vie de saint Pierre et l'arbre symbolique de la généalogie des Patriarches.

Au Pont-du-Secret, on entre dans la forêt de Paimpont, l'antique Brécéliande toute pleine des souvenirs druidiques et des légendes de la Table-Ronde, avec sa fontaine féerique du Perron-de-Bellenton, le *Val-sans-Retour*, où l'enchanteur Merlin fut enfermé par *s'amie* Viviane, « dans ung buysson d'aubespine, grant et bel, tout chargié de fleurs, » et toutes les chevaleresques aventures des héros du cycle d'Arthur, Kenon, Kaï, Ponthus, Tristan, Lancelot, dans les mystérieuses profondeurs de Brécilien, mine féconde, connue dès le XIIᵉ siècle, dans la Bretagne, par Guillaume l'Armoricain, et, au-delà des mers, par Gérard le Cambrien, exploitée par tous les trouvères et romanciers du moyen-âge, et encore assez riche en traditions antiques — même après M. de la Villemarqué (*le Roman de la Table-Ronde*) et M. Baron du Taya (*Brocéliande et ses chevaliers*), — pour inspirer l'imagination d'un poète.

Des sites ravissants, de délicieux paysages, de fantastiques rochers cachant leurs fronts dénudés sous un voile de verdure ou baignant leurs pieds dans les beaux étangs de la forêt, le lac du Pas-du-Loup, avec ses rives ombreuses, tout ce pays, si profondément bouleversé par la nature, prête à l'illusion. Sous l'épaisse couche de feuilles amoncelées par tant d'années sur ce sol féerique, le pied se pose en tremblant d'éveiller tous les gnômes endormis. Au surnaturel, aux rêves de la poésie viennent se joindre le réel, les souvenirs de l'histoire. A chaque pas on se heurte à des ruines. C'est Tréhorenteuc avec ses pierres druidiques, Plélan, le *Plebe Lan* du Cartulaire, avec l'*Aula* de Salomon, Maxent et le monastère où se réfugièrent Comvoion et ses moines, après la destruction du couvent de Redon par les Normands, Concoret avec son manoir de Comper, où un chevalier moderne, le duc d'Aumont, vint, en 1595, se faire tuer pour l'amour de sa dame, la belle comtesse de Laval ; enfin, au bord de l'étang qui vient battre ses murailles, l'ancienne abbaye de Paimpont avec sa chapelle du XIIIe siècle, remaniée au XVe, ses statues du portail malheureusement mutilées à la Révolution, sa Vierge toujours célèbre par de nombreux pèlerinages, ses boiseries sculptées de la nef, des transepts, du chœur et de la sacristie ; dans son trésor, son petit Christ d'ivoire, chef-d'œuvre d'un artiste inconnu, enfin son cloître, ses anciens bâtiments aujourd'hui occupés par le presbytère et l'école, et ses jardins pleins de traditions, beaucoup trop profanes, sur ses anciens possesseurs.

Au-dessous de Paimpont, entre le Pont-du-Secret et l'abbaye, on peut visiter d'importantes forges, qui, malheureusement, ne sont plus en activité. Éloignées de communications faciles, sans chemins de fer, sans canaux, ruinées par leurs transports par terre, par l'augmentation de prix des charbons de la forêt, par leur outillage, par la concurrence anglaise, mal conduites peut-être, elles ont dû éteindre leurs fourneaux ; et maintenant que la vie s'est retirée d'elles, malgré leur jolie position au bord de l'étang, malgré le voisinage d'une charmante villa bâtie par les propriétaires, elles attristent et ramènent aux prosaïques réalités du présent la pensée qui s'oubliait sous les arbres de Brocéliande dans les poétiques souvenirs du passé.

TROISIÈME EXCURSION.

———

SAINT-JUST.

En voiture particulière : La Madeleine, Saint-Fiacre, Saint-Julien, Renac (13 kilomètres de Redon), Alérac; — Saint-Just (21 kilomètres de Redon); — Cojoux, Tréal, Crésiolan.

De toutes les excursions qu'on peut faire aux environs de Redon, celle-ci est peut-être la plus intéressante. Le territoire de Saint-Just, couvert de monuments d'un âge primitif, traversé par de frais ruisseaux et de pittoresques vallées, accidenté par de hautes collines et de sauvages rochers, offre à tous les voyageurs qui le foulent, archéologues ou touristes, savants ou poètes, une mine inépuisable d'études fécondes et de ravissants souvenirs. A l'automne surtout, quand la lande, blanche jusque-là sous les lichens, s'émaille de la fleur rouge des bruyères, et qu'aux rayons d'un soleil couchant s'allongent les grandes ombres des pierres druidiques, les unes debout encore et immobiles, les autres tombées à leur rang comme des guerriers frappés dans la lutte, ou mollement couchées dans les ajoncs comme des vieillards fatigués du poids de vingt siècles, alors, même dans le cœur le plus froid, l'émotion se fait jour; des souvenirs d'un autre âge remplissent l'âme de pensées mélancoliques; l'antiquaire oublie son livre, l'artiste son crayon, et, croyant voir passer près des menhirs élevés par elle les générations oubliées, Celtes, Gaels, Kymris, guer-

riers avec la hache de pierre, brenns avec le collier
d'ambre, druidesses avec la faucille d'or, s'oublie dans
la contemplation de ces débris étranges, de cette terre
sacrée, champ de bataille ou nécropole. Il voudrait
interroger ces ruines muettes, apprendre de ces
morts dans la tombe le secret de leurs berceaux, ou
bien remonter d'âge en âge jusqu'à ces races incon-
nues, suivre ces hommes errants dans leurs migrations
obscures, les arrêter dans leur marche éternelle, leur
demander d'où ils viennent, où ils vont, ce qu'ils sont,
eux qui plus que nous peut-être vénéraient leurs ancêtres, eux qui croyaient au Dieu unique, à l'âme im-
mortelle, aux récompenses célestes, et qui, pleins de
cette foi sublime, n'ont transmis à leurs fils, pour monuments de leur histoire, que les tombeaux où dorment
leurs pères.....

Deux chemins conduisent de Redon à Saint-Just : le
premier plus long, mais meilleur, par Renac; le second par Crésiolan.

Le premier suit la route de Redon à Rennes, par
Tournebride, à travers les grandes landes de Bains ;
il laisse, à huit kilomètres de Redon, le village de
Sainte-Marie, succursale de Bains, qui deviendra bientôt
sans doute commune, et dont la flèche élancée domine
au loin toute la vallée de la Vilaine. Ce joli monument
a remplacé l'ancienne chapelle du Haut-Prin, dédiée à
saint André. De l'autre côté de la route, avant d'atteindre le ruisseau de Pont-l'Aval et le chemin vicinal
de Bains à Renac, un vieil if et une humble croix de
schiste indiquent l'emplacement de l'ancienne chapelle
de la Madeleine, où de nombreux pèlerins allaient demander la guérison de leurs fièvres. Près des ruines,
à demi cachée sous le gazon, une dalle tumulaire

présente encore cette inscription : cy gist le corps —
de messire Pierre — Damour prêtre de — cette paroisse qui — trespassa le 17 — mai 1764 — âgé de
87 ans priez — Dieu pour son âme.

Un autre édifice qui n'a pas laissé plus de traces
sur le sol se trouvait un kilomètre plus loin, au bord
de la route, près du moulin des Ponts-de-Renac et de
la chaussée sur laquelle on traverse le gros ruisseau
du Canut; c'est la chapelle de Saint-Julien, où les
voyageurs allaient implorer un heureux retour, et où
les paysans suspendaient de petits sacs de grains pour
obtenir par cette offrande une meilleure récolte.

Il existait anciennement une assemblée en ce lieu,
avec un droit seigneurial ainsi rappelé dans un aveu
du 1er août 1600, rendu par Pierre Coué, seigneur du
Brossay et du Fresche, à « hault et puissant messire
Charles d'Ecosse, chevalier des deux ordres du roy,
compte de Brissac, mareschal de France et lieutenant
general pour sa maiesté en Bretaigne, » châtelain, par
sa femme Judith d'Acigné, de la baronnie de Renac.
— « Item le debvoir de bouteillaige et estallage le jour
de monsieur Saint-Jullien près ladite maison du Pont,
autour desdits engvirons de ladite chapelle, a rayson
d'ung pot de vin par chascune pippe de vin qui sera
exposée en vante ledit jour et ung denier par chascun
marchand exposant quelques marchandises que se
soit... »

Au-dessus de Saint-Julien, au midi du Canut, sur la
colline de Bresquemain ou Guerchomin (probablement
Gwerch, men, la pierre à la vierge), et à 100 mètres
ouest du moulin à vent, on voit encore sur un monticule quatre blocs de quartz, dont l'un mesure près de
2 mètres, provenant sans doute d'un cromlech ruiné;

un peu plus loin, un galgal est entouré d'un cercle formé d'une vingtaine de pierres. A la nuit de Noël, dit la légende locale, quatre évêques viennent, des quatre points de l'horizon, se réunir pour officier sur ce tumulus. Ils marchent ensuite vers le couchant, et font, par trois fois, le tour d'une autre pierre celtique appelée la Roche-Aboyant.

C'est près de là aussi que passe à travers la lande le sentier, — sur lequel Dieu n'a pas voulu qu'un brin d'herbe poussât pour l'effacer, — par lequel le bienheureux abbé de Redon, Convoïon, allait de temps en temps visiter saint Fiacre dans son ermitage de Trobert. Ce sentier passait à Boëd'hors, village de Bains si arriéré, si dénué de chemins praticables, dit-on dans le pays, que Dieu lui-même n'a jamais pu s'y rendre.

L'ermitage de saint Fiacre n'a pas laissé de traces : mais sous de grands arbres, près d'une source miraculeuse, sur la limite de Renac, on peut voir une chapelle dédiée à ce saint patron. On y venait de fort loin pour se guérir de la dyssenterie. Ce petit édifice rectangulaire présente dans son mur sud et à son chevet, deux baies géminées à trilobes, séparées par un écusson fruste.

Le bourg communal de Renac n'a qu'une médiocre importance, et son église, malgré le tableau du maître autel signalé par l'abbé Brune, est sans intérêt. Renac est une des plus anciennes paroisses des environs. Elle fut donnée en 850 par Charles-le-Chauve à l'abbaye de Redon. Dans le Cartulaire de l'abbaye, on la voit souvent citée aux IXe et Xe siècles sous les noms de Rannac et Lis-Rannac (la cour de Renac). Au XVe siècle, la seigneurie de Renac et celle du Bois-Raoul, par lettres du 13 novembre 1462, furent données par la comtesse d'Etampes et de Vertus, mère de François II, à Tanguy du Châtel, son chambellan et maître d'hôtel.

Une autre propriété, celle du Brossais, ancienne seigneurie avec haute, basse, moyenne justice et enfeu « au côté senestre de l'église de Regnac » et dont le manoir, habité par la famille du Halgouët, se voit, dans une jolie position, des côteaux de Sainte-Marie, appartenait en 1530, suivant Ogée, à Julien Conay, en 1600, nous l'avons vu plus haut, à Pierre Coué, et au XVIII° siècle, à la famille Champion de Cicé.

Sur la lisière des pins du Brossais, on aperçoit, de la route de Rennes, un assez beau menhir.

Du reste, les pierres druidiques ne sont pas rares aux environs de Renac. A 3 kilomètres nord du bourg, sur le bord du chemin, auprès d'anciennes ardoisières, on en distingue encore quelques débris. Et plus loin, près d'Alérac, charmante propriété concédée aux moines de Redon en 860 par Cowalcar et possédée au XV° siècle par la famille Fournier, on voit encore çà et là, sur la lande, des débris de menhirs en quartz.

C'est au bout des belles avenues d'Alérac qu'on prend le chemin vicinal de Saint-Just, dont le chef-lieu communal a été transporté naguères des bords de l'étang du Val au hameau de Launay. On suit pour y arriver les collines schisteuses qui courent de l'est à l'ouest, couronnées de roches pittoresques, çà et là remuées, ce semble, par la main de l'homme. Bientôt, à 300 mètres nord-est du nouveau bourg, on rencontre, près d'un menhir renversé de 3 mètres, un menhir dressé de 2 mètres 50. Enfin, à un kilomètre à l'ouest du nouveau bourg, près d'une vieille croix à demi-renversée, au bord du chemin vicinal, on entre dans la lande de Cojoux (*Collis Jovis*, colline de Jupiter, disent les antiquaires), et qu'on y voit un *Draconlium* ou un *Carneillou*, un temple ou un cimetière, on a devant les yeux un admirable ensemble de monuments mégalithiques.

Devant les merveilles, grossières sans doute, mais empreintes encore de la religieuse poésie des temps primitifs, le visiteur aime à se recueillir; la faconde d'un cicérone bavard est presque une profanation. Aussi nous contenterons-nous d'énumérer rapidement les monuments druidiques de Cojoux, d'après le plan que nous avons dressé sur les lieux et que nous avons déposé en 1867 aux archives de la Société des lettres et sciences de Redon.

1. Au midi du chemin vicinal, à 120 mètres ouest de la croix, restes d'un cromlech circulaire composé de pierres de très-petites dimensions (diam. 30 m.)

2. — Au nord du chemin vicinal, à 60^m sud du premier moulin de Cojoux, tumulus assez affaissé, circulaire (diamètre 10^m), et près de lui menhir renversé de 2^m.

3. — A 20^m ouest du précédent, tumulus elliptique (grand diamètre 11^{m}50, petit diamètre 4^m), bordé de petites pierres, et à ses côtés menhir renversé de 1^{m}75; — plus loin, en allant vers le nord-ouest, menhirs brisés ou renversés.

4. — A 200^m ouest du tumulus, magnifique alignement composé de 17 blocs de quartz presque cubiques, dont quelques-uns ont plus de 2^m.

5. — A 30^m sud-ouest du dernier menhir de l'alignement, tumulus elliptique (grand diamètre 30^m, petit diamètre 15^m) traversé par une ligne de menhirs presque tous renversés, mais qui étaient assez élevés (l'un d'entre eux mesure 4^{m}90, d'autres 4^{m}20).

6. — A 100ᵐ ouest du tumulus, quelques menhirs renversés ou brisés. De là une série de très-petites pierres va 300ᵐ plus loin se terminer à une sorte de demi-cromlech dont un seul bloc, celui du croissant sud, a un peu d'importance (2ᵐ.)

7. — A 55ᵐ sud-sud-est de cette pierre, tumulus circulaire ayant 25ᵐ de diamètre et 2ᵐ20 de hauteur perpendiculaire.

8. — A 70ᵐ ouest-nord-ouest du 1/2 cromlech, menhir de 2ᵐ75.

9. — A 180ᵐ ouest-sud-ouest du précédent, groupe de 3 ou 4 beaux menhirs dressés (l'un d'eux a 3ᵐ de hauteur.)

10. — A 230ᵐ de ces menhirs, beau tumulus circulaire (diamètre 26ᵐ, hauteur perpendiculaire 4ᵐ), couronné d'un beau cromlech, formé par cinq magnifiques menhirs debout, de 2ᵐ50 et 3ᵐ, et traversé dans son diamètre est-ouest par deux rangées de petites pierres qui étaient peut-être les supports d'une allée couverte détruite. — Dans le pays, on appelle ce monument le *Château-Bu*, et on dit que chaque année il s'y élevait un autel de sacrifice pour *guillotiner* une jeune fille.

11. — A 220ᵐ du Château-Bu, menhir de 2ᵐ90, puis tumulus circulaire bordé de petites pierres.

12. — Près du précédent, tumulus elliptique plus pointu à l'extrémité est, bordé d'une enceinte de petites pierres et couronné par une croix. — Les habitants qui l'ont fouillé comme tous les autres pour y chercher les trésors que la tradition dit être cachés sur la grée de Cojoux, y ont découvert un cercueil d'enfant en pierre calcaire et des fragments de verre.

13. — Près de là, menhir de 1ᵐ20, puis tumulus

surmonté de deux menhirs de 1ᵐ, ensuite tumulus elliptique bordé de pierres fiches, puis, après un autre petit tumulus, menhir de 1ᵐ90.

14. — A quelques pas sud de ce dernier menhir, magnifique demi-cromlech composé de quinze gros blocs de quartz (1ᵐ50—2ᵐ50) presque cubiques — l'un des plus beaux monuments de Cojoux.

15. — Enfin, après deux menhirs isolés, sur une éminence couronnant un tumulus bordé de petites pierres, dolmen presque ruiné (longueur 8ᵐ50, largeur 1ᵐ40, hauteur sous les tables 1ᵐ20), — dit le *Château-Robert*.

Toutes ces pierres forment, de l'est à l'ouest, une longue chaîne que coupent brusquement, près du Château-Robert, les pentes abruptes du Val, avec leurs rochers à pic, baignés, tout au fond, par un lac romantique profondément encaissé, et par sa forme allongée, étroite, imitant une rivière. Sur l'autre rive, le vieux manoir du Val, entouré de ses douves, perce de ses toits aigus le feuillage des futaies. Un peu au-dessous, près d'une importante minoterie, dans une presqu'île formée et défendue de trois côtés par les bords sinueux de l'étang, coupés à l'entrée par un large fossé plein d'eau et par une tranchée dans le roc vif, était un lieu de refuge, la forteresse des vivants à côté du champ des morts, l'*Oppidum*, parfaitement fortifié et reconnaissable encore.

De la pointe qu'il occupait, on peut admirer un ravissant paysage ; le lac, réfléctant rochers et forêts dans ses eaux calmes ; par-delà, vers le nord, la vallée où serpente le ruisseau de Canut ; enfin, plus loin encore, la lande où surgissent les amoncellements gigantesques de Tréal.

C'est près des pierres de Tréal, au-dessus de la Fresnaie, que se voit une de nos plus belles grottes aux fées. Elle a une longueur de 16m10, une largeur de 2m30, une hauteur de 1m. Autour d'elle, des rochers entassés, empilés, percent les ajoncs, se rangent côte à côte, s'élèvent en pyramides ou forment des tables colossales, et donnent à ce coin de terre un aspect fantastique, saisissant. Au nord, se dressent l'église de Pipriac, les côteaux de Saint-Séglin, et au dernier plan les collines de Guer, tandis que, vers le sud, la jolie habitation de Bezy, récemment construite par M. de Lanascol, donne au paysage un charme de plus.

Sur l'emplacement même qu'occupe aujourd'hui ce joli château de Bezy, on a découvert des ruines romaines, et un peu à l'est, en face du monticule où est construit le village de Trohignac, et près du bourg abandonné de Saint-Just, où la duchesse Anne trouva, dit la tradition, l'asile d'un ancien manoir, on voit d'anciens fossés ou retranchements formant deux enceintes, l'une (celle du nord) elliptique et renfermant deux ou trois buttes assez convexes, l'autre presque circulaire, avec parapets moins élevés que la précédente, séparées par trois tumulus ou mamelons arrondis. Dans les défrichements voisins, la charrue retourne des briques romaines et des fragments de poterie. Un peu au-dessous de ce point passe un chemin vicinal qui, quelques cents mètres plus loin, à l'ouest, rejoint la route de Redon à Maure, auprès du village de Crésiolan. Sur toutes ces hauteurs, depuis les grées de Bocadève jusqu'à Sixt, jusqu'à La Gacilly, les ruines mégalithiques se montrent en grand nombre sur le sol. Au pâtis de Crésiolan, près d'une ancienne chapelle aujourd'hui ruinée, on a exhumé, il y a quelques années, de magnifiques armes de pierre et de bronze, déposées aujourd'hui dans la collection du collège Saint-Sauveur.

De Crésiolan, la route, par la Lande-aux-Loups, Saint-Marcellin et les Champs-Beaux, va rejoindre la route de Rennes à Redon, au hameau de Tournebride.

———

QUATRIÈME EXCURSION.

———

AVESSAC.

A pied, ou en voiture particulière : Saint-Nicolas-de-Redon (1,500 mètres de Redon; — Cado, Le Châtelet, La Madeleine, Le Pordo; — Avessac (7 kilomètres de Redon), La Châtaigneraie.

Après avoir dépassé le bourg de Saint-Nicolas, qui est relié à Redon par une chaussée plantée et qui montre aux voyageurs, — en outre de son ancien prieuré de Tabago et de la vieille maison du collecteur des dîmes, — sa jolie église construite sur les plans de M. Faucheur il y a une vingtaine d'années, dans le style ogival du XIIIᵉ siècle, et surmontée d'une élégante flèche à jour, on laisse à droite la route de Guémené pour descendre vers la vallée de la Vilaine, pittoresquement limitée au nord par les côteaux de Buard, Lanruas et la Belle-Anguille; bientôt on atteint la *grée* aride de Cado, où s'exploitent de fort belles pierres employées par la Compagnie de l'Ouest pour la construction de ses ponts, et où aurait eu lieu jadis, d'après une tradition locale que semble confirmer le nom breton de *Kado*, bataille, un sanglant combat.

La route, suivant une ligne parallèle au chemin de fer, atteint bientôt l'habitation du Châtelet, qu'on aperçoit aussi de la voie. C'est un élégant édifice du XIVᵉ siècle, percé en avant, entre deux tours d'une poterne et d'une porte principale à voussures chargées d'ornements, de rinceaux d'un bon style, et flanqué à sa partie postérieure de deux tourelles en poivrières à encorbellements.

La chapelle Saint-Cosme, voisine du Châtelet, est sans intérêt; un peu plus au nord, celle de la Madeleine, aujourd'hui ruinée, était remarquable par la position qu'elle occupait au milieu d'intéressants monuments mégalithiques. On voit encore, près du lieu où elle s'élevait, au pied du moulin de la Madeleine, les restes d'un beau cromlech, un tumulus, et un peu au-dessus, un amoncellement de roches, qui renferme aujourd'hui sous une grotte une statue de la Vierge, et qui, sans doute, n'est qu'un autel druidique horriblement mutilé.

Un kilomètre plus loin, on atteint les bois du Pordo (ou Pordor) et masqué derrière ces magnifiques futaies, le vieux manoir, aujourd'hui habité par M. de Goulaine, vaste construction sans style et sans caractère, remarquable seulement par ses belles allées de cèdre et ses futaies de châtaigniers.

Le bourg d'Avessac s'élève un peu au-delà, à l'entrée des belles avenues du Pordo. Quoique d'une haute antiquité, puisqu'il existait au IXᵉ siècle, ce chef-lieu communal n'offre aucun monument intéressant. Son église, sous le vocable des SS. Pierre et Paul, a été remaniée à différentes époques. Elle se compose de trois nefs reliées par des arcades ogives sur colonnes sans chapiteaux, d'une abside en hémicycle servant de chœur, et de deux chapelles latérales éclairées par deux grandes baies du XVIᵉ siècle, à meneaux perpendiculaires, voûtées en pierres, avec nervures très-saillantes retombant sur pieds droits, à tailloirs sculptés et pendentifs historiés présentant, du côté nord, l'écusson de Goulaine : *parti de France et d'Angleterre,* et du côté sud, les écussons accolés de la famille de L'Estourbeillon, l'un d'argent au lion de sable, à dextre ; l'autre, à senestre, burelé d'argent et de gueules de dix pièces, avec la devise : *Fidelis et audax.*

On signale sur différents points de la commune d'Avessac des ruines romaines, et, au midi du bourg, le retranchement élevé contre les Normands en 869, par Salomon, roi de Bretagne, et témoin du brillant fait d'armes de Gurwand, resté, après la levée du camp, seul avec ses hommes d'armes, pendant trois jours, pour braver l'ennemi.

Un autre point intéressant, au midi du Château-Chevreux, récemment transformé en villa moderne avec jardins paysagers, était, dans ses bois et sur le bord de son étang desséché aujourd'hui, le château de la Châtaigneraie, au duc de Lorges, avec haute, basse et moyenne justice. De ce château de la Renaissance, il ne reste plus que quelques ruines, un vieux corps de logis où l'on retrouve encore les débris d'un joli carrelage en terre cuite, et quelques fenêtres surmontées d'un fronton semi-circulaire, qu'on ne visitera pas cependant sans intérêt, avant de reprendre, à 1 kilomètre au sud, pour retourner à Saint-Nicolas, la route de Guémené à Redon.

CINQUIÈME EXCURSION.

FOUGERAY, LANGON, BRAIN.

En chemin de fer et correspondance : Avessac, Massérac, Beslé (19 kilomètres de Redon); — Station de Fougeray-Langon (23 kilomètres de Redon); — Port-de-Roche, Fougeray (12 kilomètres de la station); — Langon, Brain, Beslé.

La station de Fougeray-Langon est établie sur la ligne de Redon à Rennes, concédée à la Compagnie des chemins de fer de l'Ouest. Cette ligne se détache du réseau d'Orléans à 1,500 mètres environ de la gare de Redon, un peu en avant du bourg de Saint-Nicolas. Elle remonte ensuite la vallée de la Vilaine, pour entrer sur le territoire d'Avessac, vaste commune desservie par une station un peu au-delà des bois du Pordo, à moins de 2 kilomètres du chef-lieu communal.

Après Avessac, la voie s'enfonce dans d'immenses marais inondés l'hiver et bordés au nord par une chaîne de collines que surmonte l'élégante église de Sainte-Marie, en Bains. Du milieu des eaux, s'élève l'île de Penfao (*tête de hêtre*), qui, après avoir été, avec ses écluses et ses pêcheries, une dépendance de l'abbaye de Redon, releva plus tard de la châtellenie de Renac, comme le prouve une pièce assez curieuse, faite, le 24 février 1558, « au bourg de Regnac, en la halle et cohue dudit lieu, » Ce jour-là, devant les tabellions de Renac, comparaît un « Jehan Bahurel, paroissien de la paroisse d'Aveczac, fesant sa continuelle mansion, au village de Painfault, lequel, en tant que moytier est, s'est submis et submet,... en la maison où il est à présent manant et demeurant... et confesse et cognoist être homme et subject de noble homme Jehan du Fresche, escuyer, seigneur de Pinel et de la Collaye, et de lui tenir à debvoir de rente, recette et obéissance une escluse sise et sittuée sur la rivière de Villaine, nommée et vulgairement appelée le Petit Four du Fresne de Penfault... joignant à l'escluse Heanye appartenante au seigneur de Renyhel... et que, de faict, ledict Bahurel doict audict Jehan du Fresche son seigneur, sçavoir un cent d'anguilles franches de rante par et en chascun an, avec cinq sols monnoie ès termes cy amprès déclarés, sçavoir la vigile de la fête de Toussaints cinquante anguilles avec deux sols et demy monnoie, et aultres cinquante anguilles et deux sols et demy dicte monnoie au terme de Noël, *bonnes et valables* anguilles... et outre cestuy Bahurel confesse debvoir et qu'il doict obéissance audict du Fresche son seigneur, comme homme de bas estat doict et est tenu faire à son dict seigneur... »

Les écluses de Penfao n'existent plus ; mais, comme Jehan Bahurel au XVIᵉ siècle, les habitants du village pêchent encore aujourd'hui de *bonnes et valables anguilles*, non plus pour leur seigneur de Renac, mais pour les marchés de Redon, Rennes et Paris. Enfermés chez eux par les eaux pendant neuf mois de l'année, ils vivent de la rivière et lui demandent, en outre du poisson qui les nourrit, l'engrais qui fertilise leur sol. Montés sur de légers batelets, ils vont au printemps draguer une énorme quantité de *charas* et autres plantes aquatiques ; ils sillonnent dans tous les sens le vaste estuaire qui, s'étendant entre Brain, Massérac,

Avessac et Penfao, est connu dans le pays sous le nom de mer de Murain.

C'est dans cet immense lac d'une contenance de 164 hectares, entre les côteaux de Roland et de Pembu, que vient, des environs de Châteaubriant, se perdre un des principaux affluents de la Haute-Vilaine, le Don, qui, grâce à des travaux de canalisation récemment entrepris, va ouvrir au canton de Guémené un nouveau débouché à l'exportation agricole.

Le chemin de fer franchit le Don un peu au-dessus de son embouchure, sur un pont en maçonnerie de quatre arches, malheureusement insuffisantes pour le volume d'eau qui doit y passer, et retenant ainsi les eaux en amont sur les prairies supérieures. Il s'enfonce ensuite dans la tranchée de Pembu, dont les talus élevés masquent, à gauche de la voie, des ruines romaines que nous avons signalées en 1866 comme devant être l'objet de fouilles intéressantes, et près d'elles le lieu où, vers 801, un pieux solitaire, né à Patras, en Grèce, saint Benoît de Massérac, vint mener la vie érémitique, avec l'autorisation d'Almanus, évêque, et de Gondebaud, comte de Nantes. Saint Benoît finit ses jours dans cet ermitage, le 1er octobre 845, et son corps fut transporté à Redon. Sur cet emplacement, sanctifié par sa pieuse pénitence, on a érigé depuis peu (4 septembre 1859) une statue souvent visitée par de dévots pèlerins. La face tournée vers la mer de Murain et la chapelle de Brain coquettement groupée sur l'autre rive, le saint tient de la main droite un missel et de la gauche la crosse monastique. Un piédestal en pierre de Cado, sans inscription, le supporte, et derrière lui s'élève une belle croix de granit. Tout le monument est fermé par une grille et un mur en hémicycle.

*

A quelques pas de là, dans le petit bourg de Massérac, on aperçoit du chemin de fer, à droite de la voie, la vieille église paroissiale dédiée à ce saint patron. Cette humble église, qu'un monument de style ogival doit prochainement remplacer, est en partie romane. Elle est surmontée, sur l'intertransept, d'un clocher carré avec flèche hexagonale en ardoises ; sur l'imposte des pieds droits de l'arcade triomphale du chœur, elle présente un double rang de nébules, et entre le transept sud et la nef, auprès de l'arcade en plein cintre qui les sépare, une baie géminée à trilobes lancéolés. Sur les murs latéraux de l'abside à chevet carré, on remarque de vieilles toiles fort originales, et, au bas de la nef, le long du mur méridional, un cercueil en granit (dit *Tombeau de saint Benoît*) diminuant de largeur aux pieds, et fermé par un couvercle en dos d'âne peu élevé et portant sur la face supérieure une croix pattée et quelques ornements gravés en creux.

Près du cimetière, sous de grands ifs, s'abritent les bâtiments, reconstruits à l'époque moderne, du prieuré fondé au moyen-âge, lorsqu'en 888, après la maladie de son fils Guérech et la guérison miraculeuse obtenue par l'intercession des moines de Redon, Allan-Re-Bras donna à l'abbé Fulchric ses domaines de Marsac et de Massérac. Les moines restèrent, jusqu'à la Révolution, seigneurs de la paroisse. En 1064, un de leurs abbés, Almodius, obtint de Quiriac, évêque de Nantes, la confirmation de leurs anciens droits et la création de nouveaux priviléges. Cinquante ans plus tard, l'un des successeurs d'Almodius, Gauthier, fit exempter les habitants de Massérac, — comme ceux d'Avessac et de Marsac, — des corvées qu'Alain IV exigeait pour la construction de son château de Blain.

En dépit de ses lointains souvenirs, le bourg de Massérac est resté sans importance, et, sans paraître s'en émouvoir, voit passer à ses pieds les wagons du chemin de fer, qui, sans daigner s'y arrêter, poursuivent, à travers une plaine un peu monotone, leur route jusqu'à la station de Beslé.

Beslé, construit au bord de la Vilaine, presque en face de Brain, est la gare de Guémené-Penfao et l'une des succursales de cette importante commune. Récemment doté d'un beau pont sur la rivière, il vient de faire disparaître, pour empierrer sa nouvelle route, son vieux *pavé de la Duchesse-Anne*, tronçon bien conservé d'une voie romaine allant de Blain vers Corseul.

La ligne ferrée, en sortant de la station, traverse ce vieux chemin par un passage à niveau, pour laisser à droite le château et les jardins de Beaulieu, et à gauche, au bord de la vallée, quelques blocs de quartz signalés comme d'anciens menhirs. Elle franchit ensuite, sur un pont biais, la Vilaine, grossie un peu plus haut, au-dessous du prieuré de Ballac, donné aux moines de Redon par Ollivier de Pontchâteau, des eaux de la petite rivière de Chère. Elle entre alors dans l'Ille-et-Vilaine, coupe une chaîne de collines traversée par un filon calcaire tertiaire anciennement exploité, et, après avoir dépassé le bourg de Langon, s'arrête à la station, établie 1,500ᵐ plus loin, au hameau des Sablonnais.

En même temps que Langon, où nous appellent d'importantes études archéologiques, cette station desservira bientôt, par un service régulier d'omnibus, la petite ville du Grand-Fougeray (5,400 habitants.)

La route de Langon au Grand-Fougeray rejoint à Port-de-Roche la Vilaine et le chemin de fer qui, parallèlement, se dirigent vers Corbinières, haute colline

qui porte sur son sommet le joli château du général
Ridouël, la rivière, pour contourner gracieusement
cette montagne, la ligne ferrée pour la traverser par
un tunnel de 711m de longueur, creusé dans le roc vif
à 54m au-dessous du point culminant de la butte, pour
en sortir à 22m au-dessus de l'étiage de la Vilaine, sur
un viaduc biais d'un magnifique travail, construit
pour les arêtes en granit gris avec bossages frustes,
et parementé en grès rose de Cado, et gagner Messac
par les bois de Bœuvres et les bruyères de Cormerée.

On vient de poser à Port-de-Roche un beau pont en
acier qui a eu, en 1867, à Paris, les honneurs de l'Exposition universelle. Près du passage qu'il remplace,
s'élève le château de Port-de-Roche, possédé au
XVIIe siècle par la famille de Guichardy et passé ensuite par alliance dans la famille Dollier, qui habitait
non loin de là le manoir de la Praye, aujourd'hui
ruiné. De ce château dépendaient alors d'importantes
juridictions dans le marquisat de Fougeray, et plusieurs châteaux, tels que le Cherchal, marqué encore
par sa motte féodale, la Venourie, aujourd'hui détruite,
le Loray, dont on retrouve, près d'importantes minières,
les vestiges au bord de la voie de Blain à Rennes,
enfin Launay-Bazouin, élégant manoir du XVe siècle,
à tourelle octogone, à baies trilobées, à cheminées
ogivales.

Au-dessus de Port-de-Roche, dans une remarquable
position au-dessus de la rivière, se voient encore les
grottes de l'Hermitage, cellules pittoresques, habitées,
dit la tradition, par de pieux solitaires.

De l'autre côté de la route de Fougeray, on visite
avec intérêt l'église moderne de Sainte-Anne-sur-Vi-
laine, l'une des deux succursales de Fougeray, et son

presbytère, qui n'est autre que l'ancien château du Blorais.

Sainte-Anne était l'une des seize chapelles qui existaient autrefois dans la paroisse de Fougeray. Presque tous ces édifices religieux ont disparu, et c'est à peine, — en dehors des deux succursales, Sainte-Anne et la Dominelaie, — si l'on peut reconnaître la place qu'occupaient la plupart d'entre elles.

Quant à l'église paroissiale de Fougeray, elle est sans intérêt architectonique, quoique conservant, dans son portail et dans sa nef, des restes de l'époque romane, et dans son clocher, une cloche du XVe siècle, fondue en 1477 pour les Cordeliers de Nantes.

Une croix de pierre, à fût octogonal, qui avoisine l'église, et qui porte dans un quatre-feuilles un christ assez grossier, accompagné de la Vierge et de saint Jean, remonterait, suivant M. Guillotin de Corson, au XIIIe siècle.

Sans contredit, le monument le plus remarquable de Fougeray est l'ancien donjon seigneurial qui, par son ampleur et ses belles proportions, contraste vivement avec l'édifice mesquin construit à ses pieds au XVIIIe siècle par M. Loquet de Granville. Couronnée de créneaux et de machicoulis séparés par des arcs trilobés, cette belle tour se dresse encore isolée au milieu des ruines du château qu'elle éclairait. Construite sans doute au XIIIe siècle, par les sires de Nozay, elle remplaça probablement un *oppidum* romain, le *plebs condita* de Fulkeriac, mentionné dans les donations du Cartulaire de Redon, aux IXe et Xe siècles.

Possédé pendant trois cents ans par la famille Le Bœuf, issue des Châteaubriant, le château de Fougeray passa dans la maison de Rieux, en 1235, par le mariage de Nicolle Le Bœuf avec Geffroy de Rieux. Il appartenait encore aux Rieux en 1354, lorsqu'il fut occupé par Bembro et deux cents Anglais, et assiégé par Bertrand Duguesclin, qui en fit le théâtre d'un de ses plus beaux faits d'armes.

En effet, le héros breton n'avait pour compagnons que soixante *partisans*. Ne pouvant, avec cette poignée de soldats, s'emparer de vive force du manoir, il jura, dit Froissard, de le prendre « par industrie. » « A l'issue du bois de Fougeray, raconte le naïf chroniqueur, fist Bertrand partie de ses compaignons embûchier, et luy et le reste, se tindrent en manière de pauvres bûcherons, et, leurs cols chargés de bois, vindrent près du Chastel. Adonques vindrent Anglois, qui cuydèrent que ce furent bûcherons, et avalèrent le pont hâtivement. Lors Bertrand et ses compaignons entrèrent dedans et laissièrent leur bois sur le pont, et cryèrent : Guesclin. Adonques saillit l'embûche de Bertrand, et, pour le chastel deffendre, s'assemblèrent Anglois moult âprement contre Bertrand et ses compaignons. Illec eut assaut fier et merveilleux, et moult y fut Bertrand blécé, et Bembro mort sur le champ; mais furent Anglois déconfitz, et le chastel prins, qui moult estoit fort et bien garny de vivres et rychesses. »

Successivement transmis aux maisons de Rougé, Laval, Montmorency et Condé, le château de Fougeray appartenait, en 1595, à Louis de la Chapelle, du manoir de la Roche-Giffard qui, des bords de l'Aron, près de Saint-Sulpice-des-Landes, domine encore la belle forêt de Teillay, contenant, dit un aveu de 1560, « environ trois lieues de long et deux tiers partie de une lieue de travers, » et renfermant « environ vingt-cinq pantières pour prendre bégaces et aultres volatoires. »

Ce Louis de la Chapelle, protestant ardent, vit son château de Fougeray assiégé et pris par les troupes de Mercœur. Il vint, avec le capitaine huguenot Saint-Luc, investir les catholiques dans la place. Il y fut tué d'un coup d'arquebuse ; mais ses coreligionnaires reprirent Fougeray, et sa famille, jusqu'à la révocation de l'Edit de Nantes, posséda la châtellenie, érigée en 1644 en marquisat, avec droit de haute, basse et moyenne justice.

En 1685, les terres de Fougeray et de la Roche-Giffard furent acquises par Catherine de Rougé, femme de François de Créqui, maréchal de France. A la mort de cette dame, Fougeray vint, par succession, à Gilles de Rougé, puis, par mariage, à Jean de Kerhoent, marquis de Coëtanfao. Vendu en 1748 à M. Loquet de Granville, il fut acheté à la Révolution par M. Chapelier, puis par M. Judicelly, propriétaire actuel.

En dépit de ses seigneurs de la Roche-Giffard, partisans ardents de la Réforme, Fougeray est toujours resté catholique. Sa paroisse, jusqu'en 1804, a relevé du diocèse de Nantes, dont elle était une des bonnes cures à l'ordinaire, puisqu'elle rapportait, dit-on, 14,000 livres de rente.

Il existait à Fougeray un collége fondé, en 1554, par un recteur, Maurice Boutin. Une école de petites filles, établie en 1709 par Mme Dollier de Port-de-Roche, est encore florissante.

Aujourd'hui la ville de Fougeray, agréablement située dans un pays bien cultivé, devient un centre assez commerçant. Elle possède des tanneries assez importantes et s'occupe de la fabrication de serges expédiées surtout en Basse-Bretagne, et de l'exploitation de riches minerais de fer. Son industrie locale prend chaque jour plus d'extension, grâce aux communications de plus en plus faciles qui rapprochent le Grand-Fougeray de la gare de Langon.

Le bourg de Langon possède trois monuments remarquables, d'une haute antiquité : son carneillou, de l'époque mégalithique; sa chapelle de Sainte-Agathe, de construction gallo-romaine; son église, en g   partie romane.

Ce dernier édifice, à demi-enfoui dans les terres du cimetière, se compose de trois nefs séparées par des arcades ogives, d'un transept et, au chevet, de trois absides en hémicycle. Cette partie, la plus intéressante de toutes, est romane, et l'abside septentrionale est la mieux conservée; elle est voûtée en plein cintre avec arceaux en saillie les uns sur les autres et rétombant sur des colonnes courtes, à chapiteaux grossiers, engagés dans les murs latéraux. Comme le fait remarquer M. Brune, on a ouvert dans cette abside une arcade surbaissée pour établir une communication avec le chœur, dont elle devait être entièrement séparée. Sur les murs de la nef, on voit encore les restes de fresques intéressantes sans doute, lorsqu'il se détache, dit M. Pol de Courcy, « quelques écailles de l'affreux badigeon dont on a eu la sottise de les recouvrir. »

A côté de ce monument, dont nous pouvons rapprocher comme pendant la curieuse église de Saint-Lyphard (Loire-Inférieure), se voit un autre édifice, unique peut-être en son genre, et l'un des bijoux archéologiques de Bretagne. Nous voulons parler de la chapelle encore fréquentée, comme lieu de pèlerinage, par les nourrices atteintes de maladies au sein et dédiée à sainte Agathe, martyre, dont les mamelles coupées furent miraculeusement guéries.

Cet édicule est bâti en petit appareil, formé de pierres cubiques en grès rouge d'environ 8 centimètres, avec joints très-épais en ciment, séparées et reliées de distance en distance par un cordon de briques sur deux rangs. Mal éclairé par des baies étroites en meurtrières, construites pour la plupart après coup, puisqu'elles rompent l'uniformité de l'appareil, ce monument affecte le plan des premières basiliques, une nef terminée par une abside en hémicycle et cul-de-four. Dans cette nef, longue de huit mètres, on a trouvé un grossier bas-relief ; mais la partie la plus intéressante est la fresque qui décore la voûte absidiale. Cette peinture, malheureusement un peu mutilée dans son côté gauche, et dont M. Langlois a publié un bon dessin, représente une femme nue d'un excellent modèle. Ses contours, fort élégants, sont tracés en brun et ombrés en rouge sur un fond bleuâtre. Elle semble s'élever de la mer. Entourée de poissons à dos brun, à ventre azuré et d'un dauphin nettement indiqué qui se joue dans les ondes, elle est coiffée à la romaine et tient dans ses mains une banderolle flottante.

Naturellement, on a vu dans ce joli sujet Vénus sortant de l'écume des flots ; cette pensée paraît confirmée par le nom d'*Ecclesia Sancti Veneris*, église de Saint Vener, donné au monument dans une charte du XII⁰ siècle et adopté pendant longtemps. En rapprochant ces deux termes si voisins : Ecclesia bancti *Veneris*, suivi au moyen-âge, et Templum *Veneris* que la fresque peut autoriser, les archéologues en sont venus à penser que ce monument, qui, par sa construction, se rapporte nécessairement à l'ère gallo-romaine, fut d'abord un édicule dédié à Vénus. Plus tard, les premiers apôtres du christianisme, en Armorique, durent le consacrer au culte chrétien ; et, pour détourner au profit de la religion catholique les souvenirs profondément enracinés du paganisme, ils choisirent un saint de même nom que la Déesse, passant ainsi un compromis habile entre les superstitions vieillies et les croyances nouvelles.

A l'époque romane, la fresque antique, couverte d'un épais badigeon, fut chargée d'une grossière représentation du Père Eternel. Un archéologue de Rennes, M. Langlois, voyant sous cette peinture romane quelques traces d'une peinture plus ancienne, n'hésita pas à la sacrifier, et a conservé ainsi cette œuvre unique et certainement la plus curieuse de toutes celles que les Romains ont laissées en Bretagne.

D'autres vestiges de l'occupation romaine se voient encore à Langon : c'est d'abord la voie de Blain vers Corseul, le pavé de la Duchesse-Anne qui du port de Beslé se dirige vers Saint-Ganton ; c'est aussi, sur les bords de la Vilaine, l'Etier de Langon, avec ses briques à rebords, qui marquent, dit la légende locale, la place d'une ville importante, engloutie, comme Is ou Herbadilla, dans un cataclysme oublié.

Des monuments d'une époque encore plus reculée de l'époque mégalithique se voient aussi tout près et à l'ouest du bourg, et se dirigeant du levant au couchant, vers la Gacilly, par Allérac, Saint-Just et Sixt, semblent destinés à relier la Vilaine à l'Aff. Les pierres, — ou pour parler comme les habitants qui les comparent poétiquement à des jeunes filles en robes blanches, — les *demoiselles* de Langon sont des menhirs de quartz blanc irrégulièrement disposés, près d'une élégante croix monolithe, destinée sans doute à les sanctifier. Par quelques peulvans isolés, elles se raccordent à un ensemble de tumulus assez affaissés et formés avec la vase de la Vilaine. Aussi ces buttes, détruites par les paysans pour féconder leurs terres, disparaissent-elles chaque année en grand nombre. Dans l'une d'elles, au-dessus du sol vierge, à 1m50 environ de profondeur, on a découvert un vase en poterie grossière, rempli d'éclats de silex. Près de là, on a exhumé un fort beau celt, vendu pour un musée étranger, et dans un tumulus bordé de petits blocs de quartz, des pièces de monnaie triangulaires et des fragments d'urnes brisées.

Ces monuments s'étendent pendant près d'une lieue des deux côtés de la route de Renac; et l'on en rencontre encore sur le territoire de la commune de Brain.

Brain n'est qu'à deux kilomètres de Langon; comme Saint-Perreux, le vieux bourg a perdu l'église de la paroisse, transportée à trois kilomètres vers l'ouest, à la Chapelle de Brain, sur l'emplacement d'une station romaine. Mais les souvenirs du passé sont restés sur les bords de la Vilaine, au bourg de Brain, le *Placeium* du IXe siècle, donné par Noménoé aux moines de Redon.

C'est près de là, — au village du Placet, dit-on, que naquit, au milieu du Ve siècle, un des plus illustres pontifes bretons, saint Melaine. Après de brillantes études, Melaine revint dans sa patrie pour se consacrer entièrement à Dieu : il y fonda, en 485, un monastère, et y vécut dans la prière, jusqu'au jour où ses vertus l'appelèrent à remplacer saint Amand sur le siége épiscopal de Rennes. On sait la part active que ce saint prélat prit au concile de 511, assemblé par Clovis à Orléans, à la sollicitation du pape Symmaque;

ses courses apostoliques dans le diocèse; sa répugnance à quitter ses prêtres pour répondre à l'appel empressé du roi Frank, désireux de le faire entrer dans ses conseils; son rôle important à la cour et ses liaisons avec saint Remy; ses prédications, ses conversions, ses miracles, ses efforts couronnés de succès pour déraciner l'idolâtrie en Bretagne; enfin sa mort à Platz, le 6 novembre 530, suivant le P. Lecointe.

L'ancienne église de Brain, dédiée à cet illustre prélat, a d'intéressantes parties romanes. Dans le cimetière, on voit un groupe de style renaissance assez curieux, et, près de là, la maison conventuelle élevée en 1700 par les Bénédictins de Redon.

Mais toute trace d'atelier monétaire a disparu, bien qu'on ait, disent les numismates, battu monnaie dans le bourg de Brain, et que Leblanc, dans son traité des monnaies, figure un tiers de sou d'or, portant pour exergue : au bourg de Brain, *Brienhio vico*.

De Brain on remonte pendant 1,500 mètres la Vilaine jusqu'à l'importante briqueterie du port de Beslé, pour reprendre, au-delà du pont, à la station de Beslé, le chemin de fer de Rennes à Redon.

SIXIÈME EXCURSION.

NORD-EST DE L'ARRONDISSEMENT DE REDON.

En outre de la gare de Fougeray-Langon, l'arrondissement de Redon compte sur le chemin de fer de l'Ouest trois autres stations, Messac-Guipry, Bain-Lohéac et Bourg-des-Comptes.

Bien qu'un peu éloignées de nous, les localités qu'elles desservent sont trop importantes et ont avec Redon des rapports commerciaux et administratifs trop continus pour que nous puissions les négliger complétement.

Nous allons, aussi brièvement que possible, passer en revue cette partie de l'Ille-et-Vilaine.

Station de Messac-Guipry (34 kilomètres de Redon). — Le bourg de Messac (2 kilomètres est de la station) possède, sous le vocable des SS. Abden et Seneu, une église paroissiale en partie romane, surmontée depuis 1867 d'un clocher un peu lourd peut-être.

La paroisse de Messac est fort ancienne ; elle comprenait autrefois la trève de Noë-Blanche, érigée en 1847.

C'est dans cette commune, au village de Trehel, que naquit une des illustrations religieuses du XVIe siècle, Thomas Le Roy, conseiller de la reine Anne, rédacteur du concordat passé entre Léon X et François Ier, recteur de Nozay, Derval, Messac, Fougeray, Poligné, Bothoa et Domagné, l'un des deux procureurs du concile de Latran en 1512, anobli par le roi de France, promu en 1522 à l'évêché de Dol, et mort en 1524, après avoir été condamné par le concile de Trente pour un cumul scandaleux de trop nombreux bénéfices.

Messac a vu naître encore, au siècle dernier (1765), un chirurgien distingué, auteur d'ouvrages estimés, M. J.-M. Frétaud, l'un des fondateurs de la Société académique de Nantes, qu'il a présidée avec talent, mort à Nantes le 9 avril 1823.

Paroisse importante, Messac possédait autrefois une foule de maisons nobles citées par Ogée. Elle avait aussi, au sud du bourg, une commanderie de Tem-

3

pliers. On voit encore leur chapelle assez curieuse, de style ogival, au village du Temple, non loin du vaste château de Bœuvres, puissante terre noble possédée successivement par les maisons de Bœuvres, de la Chapelle, de Guémadeuc, de la Guibourgère et de la Pervanchère.

Du bourg de Messac, en laissant assez loin vers la droite la seigneurie du Hardaz, on peut, par l'habitation de la Pommeraie, reconstruite en partie au XVIIe siècle par la famille du Bouëxic, gagner les bords de la Vilaine, pour visiter dans un champ nommé le domaine des Grées, un dolmen brisé et quelques menhirs provenant sans doute d'un cromlech ruiné.

Remontant ensuite le long de la rive, on atteint au Port-Neuf la voie romaine d'Angers vers Carhaix. Elle traversait la rivière en cet endroit, sur un pont en maçonnerie dont on voit encore les vestiges, pour se diriger vers Lohéac. On peut, sur la rive droite, en retrouver quelques restes, puis descendre, par le chemin de halage, au-delà de l'habitation de la Gaudelinaie, coquettement assise au milieu de ses prairies, jusqu'aux ruines du *Château-Blanc*, vieille forteresse dépendant des airs du Plessis-Anger, en Lieuron, et détruite au moyen-âge.

Ce pont a été, dit-on, le théâtre de deux batailles : la première en 578, gagnée par les Bretons contre les Franks de Chilpéric, et la seconde en 843, remportée par Erispoé et le comte Lambert contre les Français de Renaud, comte de Nantes.

Un peu au-dessous du Château-Blanc, on atteint le port, qui, établi près de la gare, sur la Vilaine, entre Messac et Guipry, et beaucoup plus considérable que l'un ou l'autre de ces bourgs, acquiert chaque jour une nouvelle importance, et s'étend sur les deux rives du fleuve, reliées entre elles par un pont moderne.

Guipry (2 kilomètres de la gare), malgré son antiquité, n'offre rien d'intéressant. Les moines de Redon avaient dans la paroisse des terres étendues, concédées dès l'an 907 à l'abbé Catluiant par Gurmailhon, comte de Vannes, et augmentées en 1101 par Riou de Lohéac, qui, par la même charte, donna à l'abbé Justin des rentes en Guichen, Govén, Glanret, et les moulins du port de Messac, Bagaron et Gravot.

Plus tard, en 1163, l'abbaye de Montfort eut aussi sa part des libéralités de la maison de Lohéac et reçut en Guipry d'importantes donations.

Aujourd'hui le bourg de Guipry, modestement assis sur une pittoresque colline, regarde, sans paraître en avoir souci, grandir à ses pieds les ports réunis de Messac et Guipry, auprès de la station du chemin de fer.

Station de Bain-Lohéac (41 kilomètres de Redon). — Cette gare, établie au pied du pittoresque rocher d'Uzel, à 500 mètres de l'importante minoterie de Macquer et en face du bourg de Saint-Malo-de-Phily, élégamment groupé sur la rive droite de la Vilaine, près le château de la Driennaie, acquerrera une nouvelle importance par le pont qu'on doit construire, près d'elle, sur la rivière, pour la relier au gros bourg de Lohéac, éloigné de 10 kilomètres.

Lohéac, célèbre au moyen-âge par le rôle considérable qu'ont joué ses seigneurs, des maisons de Lohéac, la Roche-Bernard, Montfort-Laval, Maure et Piré, n'a pas même conservé les ruines de son château féodal. Peut-être existait-il près des trois buttes ou mottes qu'on voit près du bourg, et qui, depuis longues années, objet de sérieuses discussions archéologiques, sont, pour les uns, les derniers vestiges d'un oppidum romain, pour d'autres, le débris de la forteresse seigneuriale, et pour quelques géologues, les déblais d'anciennes carrières.

En dehors de ces monticules, Lohéac n'offre d'intéressant que quelques maisons curieuses, et dans la riche campagne qui l'avoisine, quelques propriétés agréablement situées.

La ville de Bain (9 kilomètres de la station) est desservie par un service régulier d'omnibus, en correspondance avec les trains.

Comme Lohéac, Bain était au moyen-âge le siége d'une puissante seigneurie, possédée par la famille de la Marzelière, puis par les maisons de Duras et de la Bourdonnaie-Montluc. Le château, complétement effacé du sol, se trouvait peut-être près des halles, à l'endroit où, en 1853, on a découvert un souterrain maçonné et voûté en pierre, large de 2 mètres 50 centimètres, long de 10 mètres, et coupé de distance en distance par des cellules latérales et symétriques, formant croisillons.

Par ailleurs, Bain n'a pas de monuments anciens. C'est une jolie petite ville de près de 4,000 âmes, toute moderne. Elle a reconstruit depuis peu et avec goût tous ses édifices, et s'élève blanche et neuve au bord d'un vaste étang de 30 hectares, qu'alimente, après avoir mis en mouvement plusieurs usines, un cours d'eau assez important.

Les environs de Bain sont curieux à étudier : parmi les curiosités qu'ils renferment, nous citerons sur la route de Poligné, le beau menhir du Pairin ; près de lui, un filon fossilifère, riche en *Dalmanites* et *Caly-*

niène; Pancé et les ruines pittoresques du château du Fretay, démantelé en 1598 ; Poligné et le Tertre-Gris, gisement exploité de tripoli, d'ampélite, de pierre ponce, regardé par quelques géologues, comme un volcan éteint, et où, pour l'extraction de la houille, ont été faits jadis de sérieux sondages et un long tunnel encore praticable aujourd'hui; Riadan et ses ardoisières; enfin Pléchâtel, avec son église romane et son calvaire du XIVe siècle.

Sur la route de Bain à la gare, on peut encore visiter la motte féodale du Coudray, surmontée de son télégraphe aérien et voisine d'une vieille chapelle, à baies trilobées; puis, plus loin, au milieu des landes de Bagaron, semées de scories de forges, la chapelle de Saint-Eloi, avec porte à double archivolte, aujourd'hui transformée en bâtiments de ferme; le Plessix-Bardoul, où naquit au XVe siècle un Jacques Bardoul, chevalier de Saint-Jean-de-Jérusalem et défenseur de Rhodes contre Mahomet II, importante propriété possédée successivement par les maisons de Neufville et de Tanouarn; son haut-fourneau qu'alimentaient les minérais de la Renoulaie, en Pléchâtel, et sa minoterie de Macquer, auprès de la station.

Station de Bourg-des-Comptes (50 kilomètres de Redon). Cette station est établie au delà du petit tunnel de la Trottinaie et du pont du Canut, près du port de Glanret, à 1,800 mètres de Bourg-des-Comptes, admirablement situé sur une colline et depuis quelques années doté d'un beau pont sur la Vilaine et d'une charmante église ogivale.

Depuis longtemps, le territoire de Bourg-des-Comptes est connu des paysagistes et des poëtes, par ses sites variés et pittoresques, ses rivières sinueuses aux bords escarpés, ses habitations encadrées dans de charmants paysages. Une excursion dans ce ravissant pays est presque chose obligée.

L'archéologue, à son tour, doit une visite au bourg de Guignen (10 kilomètres de la gare). Il y verra, dans l'église paroissiale, qui appartient aux temps les plus reculés de l'époque romane, une crypte voûtée en berceau sous le chœur et traversée par les eaux d'une fontaine, objet sans doute de l'adoration des Druides et consacrée plus tard au culte catholique. Dans un enfeu du côté nord de l'abside, il trouvera le tombeau de Jean de Saint-Amadour, vicomte de Guignen, inhumé en 1538, dont la statue en bois, revêtue d'une armure et d'une dalmatique chargée de l'écusson *de gueules à trois têtes de loups coupées d'argent*, semble prier les mains jointes devant un missel ouvert, et se rappellera la longue épitaphe de ce chevalier, en vers français, gravée sur une plaque de cuivre aujourd'hui disparue, mais conservée dans l'histoire généalogique des seigneurs de Guignen, par le P. du Paz.

SEPTIÈME EXCURSION.

GUÉMENÉ-PENFAO.

En voiture particulière, ou par la correspondance du chemin de fer à la station de Beslé : Avessac, L'Étang-Neuf; — Guémené (19 kilomètres de Redon); — Juzet, Conquereuil, Lieu-Saint, la chasse de Saint-Hubert.

Du haut du côteau de Saint-Nicolas, que l'on gravit au départ, la ville de Redon se présente sous un de

ses plus jolis aspects. Deux kilomètres plus loin, avant
d'atteindre la Champagne, la route de Guémené longe,
sur la gauche, une éminence factice, arrondie, mame-
lonnée, qui s'élève dans une châtaigneraie, et sur laquelle l'archéologie, aussi bien que la tradition locale,
reste muette. Elle traverse ensuite les landes d'A-
vessac, dont le chef-lieu communal se cache à moins
d'une demi-lieue au nord, derrière les bois du Porde,
laisse à une grande distance au sud la chapelle d'Es-
tival, hantée par de nombreux pèlerins, l'habitation de
Cothéas, les fermes d'Écaret où se voient, près de
tombes abandonnées, les ruines d'une chapelle, et atteint
les bords de l'Étang-Neuf, caché dans le repli d'une
charmante vallée.

En face de l'étang, au midi de la route, au pied du
moulin à vent de Kermagouët, dont le nom dérivé du
celto-breton *Magouër*, murailles, rappelle presque toujours dans le pays gallo d'anciennes substructions, se
dressent quelques blocs isolés, restes sans doute de
monuments mégalithiques. Tout près de là, en se dirigeant vers la Bodinière, les briques romaines abondent,
et, dans le bois, des ruines considérables, des murs
écroulés, un four reconnaissable encore, des rues
bordées de décombres, indiquent la place d'un village
protestant abandonné, comme tant d'autres, à la révocation de l'édit de Nantes, et conservent dans le pays
le nom de Ville-aux-Huguenots.

Au nord de la route, au-dessus de l'étang, derrière
un rideau de pins maritimes, s'abrite la chapelle ruinée
de Trioubry, et un peu plus loin, sur le bord de la rivière du Don, près de son embouchure, dans la mer de
Murain à Roland (*Ros-Lan*, le tertre de la Lande?), s'élève
le château de Penhouët, maintenant habité par la fa-

mille de Lestourbeillon. C'est à Penhouët que naquit, le 10 août 1764, le savant archéologue Maudet de Penhouët, bien connu par ses recherches sur les antiquités de Bretagne, ses dissertations plus ingénieuses que concluantes sur la Vénus de Quinipily, le temple de Lanleff, les pierres de Carnac, etc., mort à Rennes le 25 avril 1839.

De Penhouët on peut, à travers une fertile vallée, remonter le Don jusqu'à Guémené-Penfao, important chef-lieu de canton et centre d'un mouvement agricole assez étendu.

Presque entièrement reconstruit depuis quelques années, embelli récemment et doté d'un élégant presbytère et de spacieuses maisons d'école, le bourg de Guémené n'offre d'intéressant à l'antiquaire que la chapelle Saint-Jean, rectangulaire et à chevet polygonal, située au midi de la place. Les voûtes de cet édifice, lambrissées en bois, sont recouvertes de peintures naïves, qui représentent diverses scènes de la Vie de N.-S. Quelques personnages, — notamment dans le sujet de la flagellation, — portent la culotte courte et le pourpoint. Un Christ, accompagné des Saintes Femmes, se dresse au fond du chœur, et laisse voir au dernier plan la ville de Jérusalem, déployant sous les bras de la Croix ses maisons du moyen-âge. En avant de l'autel, une dalle tumulaire, presque fruste aujourd'hui, en pierre calcaire, présente, gravé en creux, les mains jointes sur la poitrine, un personnage probablement laïc. Autour de la pierre court une épitaphe en lettres gothiques, malheureusement presque effacées sous les pas des fidèles et en majeure partie illisibles.

L'église paroissiale, dédiée à saint Pierre, est sans style et sans caractère; précédée d'une tour carrée en

briques à l'italienne, elle présente, dans son plan intérieur, trois nefs, séparées par de lourds piliers rectan-
gulaires, et des arcades en plein cintre reposant sur
simples tailloirs.

C'est dans l'église que ce mesquin édifice à remplacé
que, pendant la Révolution, trente *bleus*, entourés par
douze cents *brigands*, se réfugièrent pour se défendre.
Les royalistes, pour les débusquer, mirent le feu à
l'église, et cette poignée de soldats, se formant en
peloton, réussit à s'échapper et à regagner Redon,
après avoir jonché la route des cadavres de leurs
ennemis et n'avoir perdu que *deux* des leurs.

Vers la fin du XIIIᵉ siècle naquit dans le bourg de
Guéméné Daniel Vigier, appelé en 1304 au siège
épiscopal de Nantes. Trois ans plus tard, ce saint
prélat fut choisi avec Nicolas de Guéméné, recteur de
Saint-Mars-de-Coutais, pour représenter le clergé,
tandis que Guillaume de Rieux et un autre seigneur
étaient députés par la noblesse. Il s'agissait de se
rendre à Rome devant le Pape Clément V, pour fixer
les droits du clergé, relativement au *Past Nuptial* et au
Tierçage, ou droit qu'avaient les curés de s'approprier
le tiers des meubles dans les successions. Les parties
transigèrent, et, du consentement du Souverain-Pontife,
réduisirent, sous le nom de *Neume*, le tierçage à la
neuvième partie des objets mobiliers laissés par le
défunt. En 1320, l'évêque Vigier publia des statuts,
dans lesquels, entr'autres innovations importantes, il
défend aux recteurs d'admettre plus de trois personnes
à tenir un enfant sur les fonts, parce que la pluralité
des parrains et marraines, en multipliant les parentés
spirituelles, est un obstacle aux mariages légitimes.
Pendant son épiscopat, Daniel Vigier mérita par son

ardente charité d'être appelé le père des pauvres. Il contribua aussi à l'embellissement des églises de Nantes. Il fit faire « une très-grosse et poisante cloche nommée la Félix » et des *imalges* en argent de la Vierge et de saint Jean. Il construisit dans la cathédrale la chapelle de Saint-Jean-Baptiste. C'est là aussi qu'il fut inhumé le 14 février 1386. On grava sur son tombeau l'inscription suivante :

Anno Dói M. CCC. XXXVII, die veneris XII mens, februarii, obiit reverendus P. ac Dnus, Dns, Daniel Vigerii de Guemeneyo, Nanneten. Diocs, oriundus, Eps Nanneten, quis per XXXII annos cu dimidio, rexit laudab. Ecoliam Nanneten, cujus aia in pace cu angelis, requiescat Amen.

L'an du Seigneur 1337, le vendredi, douzième jour du mois de février, mourut révérend prêtre et seigneur, monseigneur Daniel Vigier de Guémené, né au diocèse de Nantes, évêque de Nantes. Pendant trente-deux ans et demi, il administra l'église de Nantes d'une façon digne d'éloges. Que son âme repose en paix avec les anges. Ainsi soit-il.

Les environs de Guémené sont intéressants pour l'archéologue aussi bien que pour le touriste. Dans la vallée supérieure du Don, les sites pittoresques abondent, aussi bien que les monuments des temps passés. Aussi nous ne saurions trop engager les voyageurs à faire de ce côté l'excursion que nous essayons de décrire.

En sortant de Guémené, au lieu de franchir le pont qui sert de tête aux routes de Guénouvry, Blain, Savenay et Fégréac, on prend au bord de la rivière un sentier tracé dans les bois. Des rochers schisteux abrupts, couronnés de lierre, percés de grottes pittoresqués, limitent de ce côté la vallée, tandis que, sur l'autre rive, s'étendent de vastes prairies encadrées de collines. Deux kilomètres plus loin, des deux côtés, les bords se resserrent, et le Don disparait presque sous un berceau de feuillage. Du haut des roches qui surplombent, à peine peut-on le suivre coulant dans un ravissant paysage. Par une échappée, entre les montagnes, on aperçoit, au-delà des bruyères, la plaine cultivée, Mézillac avec son beau menhir, Bruc avec ses vertes futaies, au dernier plan, la forêt du Gâvre, et, en avant de cette jolie perspective, tout au bas, les rochers d'une fée puissante, la fée Carabosse, dont le premier passant vous dira le funeste pouvoir.

En effet, un jour, — il y a bien longtemps de cela, — les habitants de la vallée semaient du lin dans un champ. Ils relevèrent la tête, et aperçurent près d'eux une femme qui passait, mais une femme vieille, rechignée, pliée en deux sur un bâton, en haillons, et si misérable qu'un tailleur, — sauf votre respect, — de Saint-Martin-sur-Oult, eût semblé près d'elle un bourgeois de la ville. Comme elle continuait sa route, ils se la montrèrent du doigt, et se mirent à rire : gaité bien intempestive, et que leurs fils ont payée cher. Car la vieille, — (que vous avez reconnu pour la puissante Carabosse, — irritée de leur insolence, leur cria d'une voix sévère : Rappelez-vous quel jour, à quelle heure vous avez ri de moi; car si dorénavant vous semez votre lin à une autre heure, un autre jour, jamais, jamais, vous n'en récolterez... Hélas ! les malheureux ont oublié l'époque fatalement fixée par la sorcière, — et le lin ne pousse plus dans la vallée.

Quelques pas plus loin, sur le bord du Don, se montre au milieu des bois le château de Juzet, charmante habitation construite, il y a peu d'années, sur les ruines d'un ancien manoir, et qui semble, du haut de ses élégantes tourelles, écouter le moulin babiller à leur pied. Il appartient depuis longtemps à la famille du Halgouët, dont la devise antique, citée par Brizeux : *Ker gwenn hag haleghek*, aussi blanc que saule, rappelle la signification bretonne du nom *Halgouët* (Bois des Saules).

Au nord du château, près de l'ancienne chapelle encore ornée de l'écusson de ses seigneurs, on rejoint la route de Guémené à Nozay, et l'on traverse avec elle le bourg insignifiant de Conquereuil. Un peu au-delà de ce bourg, on retrouve la voie romaine de Blain vers Rennes, étudiée autrefois par le savant antiquaire nantais, M. Bizeul, et de laquelle, une lieue plus loin, au-delà de la Cour-de-Brehain, se détache une voie non décrite qui, par la Cour-de-Trenon, va franchir la Vilaine à Beslé et doit, par Langon et Saint-Ganton, tendre vers Corseul.

La voie de Blain à Rennes est fort belle en Conquereuil. Elle suit, sur une longueur de 2 à 3 kilomètres, un énorme fossé de retranchement, dont on fait remonter la construction à l'une des deux batailles livrées au Xe siècle sur ces landes d'Anguerdel par Conan-le-Tors, comte de Rennes. Dans la première, en 982, Conan fut vaincu par Guérech, comte de Nantes ; dans la seconde, en 992, il fut encore mis en déroute par Foulques-Nerra, tuteur du jeune Judicaël, et perdit la vie dans la mêlée. On montre, en avant du retranchement, des fosses profondes qui furent, dit-on, creusées la veille du combat et recouvertes de fascines chargées de gazons pour tromper et perdre la cavalerie bretonne. Le souvenir de ces luttes sanglantes

vit encore dans le pays, et même dans toute la Haute-
Bretagne, où se répète souvent le vieux dicton : A la
bataille de Conquereuil, le *Tors* ne put battre le
Droit et si connoissent aurpis brentaqui II s caq ves

C'est près de ce champ de bataille, à Coëtma, que dans
des carrières jadis importantes, aujourd'hui abandonnées de calcaire tertiaire éocène, la tradition place
une cité détruite, et que les habitants des villages
voisins, à la nuit de Noël, croient entendre, au fond
de ces mines désertes et recouvertes d'alluvions tour-
beuses, tinter les cloches de la ville engloutie.

En suivant, vers le sud, la voie de Rennes à Blain,
on atteint bientôt le vieux manoir de Pont-Veix (Pons
Vetus) bâti sur son agger. La voie traverse ensuite la
rivière du Don, gravit par un déblai une pente assez
raide sur l'autre rive, passe près du hameau du Tahun,
et se dirige vers la Croix des Quatre-Contrées, où
elle entre dans la forêt du Gâvre.

Mais, en quittant Pont-Veix, il faut la laisser sur la
gauche, pour se rendre à l'ouest vers la chapelle de
Lieu-Saint, bâtie dans une jolie position, et le jour de
la fête de Sainte-Anne, but d'un pèlerinage très-suivi.
Le point qu'occupe cet édifice domine tout le pays et
commande le passage de la rivière. Il a sans doute été
occupé à l'époque romaine ; car on voit sur le sommet
du mamelon des restes de fortifications, et vers le Don,
les vestiges d'une chaussée pavée.

On dit qu'une ligne de monuments mégalithiques
partait de Lieu-Saint, et se dirigeant sur l'ouest par
Claye, où la tradition parle aussi d'un manoir englouti,
et par la chapelle de Saint-Georges, où se conservent
des reliques de ce patron, allait se raccorder au vaste
alignement, connu dans le pays sous le nom de *chasse*

de Saint-Hubert et qui existait sur les landes de Ligançon, à la limite de la commune de Plessé. Nous n'avons retrouvé aucune trace de cette ligne intermédiaire.

La châsse de Saint-Hubert elle-même a presque totalement disparu sous la charrue perfectionnée du laboureur ou sous le marteau utilitaire du cantonnier. C'était une ligne de menhirs alignés comme ceux de Saint-Just, et sans doute par la main des mêmes peuples. Mais ces pierres avaient eu vie, disait la légende. Elles rappelaient la punition infligée par saint Hubert à l'un de ses trop ardents disciples. Le jour de Pâques, ce chasseur avait juré de forcer un cerf avant la grand'messe. Entraîné par sa passion, il négligea l'office, et tout-à-coup, pendant que l'élévation sonnait déjà au clocher de la paroisse, fut changé en pierre, avec ses compagnons, ses chevaux, sa meute et la bête qu'il courait. Naguères encore ce monument curieux était intact ; aujourd'hui il ne reste plus que quelques blocs isolés, dans les chemins, en dehors des cultures. Et cependant ces pierres étaient espacées de vingt mètres en vingt mètres. Et les habitants, parmi elles, reconnaissaient chiens ou chasseurs. Et elles allaient par les bois de Fresnaie, par les landes de Roset, par le menhir de Lansé, jusqu'aux bords de l'Isac, à Saint-Clair ; en sorte que, tandis que le gros de la chasse était pétrifié à Ligançon, on vous montrait le cerf, qui, courant toujours, avait déjà traversé les bois du Grand-Luc et ne s'était arrêté, devenu menhir, sous la malédiction de saint Hubert, que dans la forêt du Pont. Nous sommes allés jusque-là, et au milieu du bois, sur une éminence, nous avons cru reconnaître, parmi des rochers exploités de nos jours, les restes mutilés d'un autel celtique. Du sommet que couronnent ses ruines, la vue embrasse un horizon immense, et va reconnaître au nord la mince silhouette du clocher de Sainte-Marie-en-Bains, tandis qu'au sud elle suit, par dessus les contours ondoyants de la forêt du Gâvre, la ligne nettement accentuée des coteaux de Blain et Bouvron.

En retournant à Guéméné, on aperçoit, sur la droite, le château de Bruc. Cette habitation appartient encore à la famille de ce nom, vieille maison qui a compté dans les armes et dans les ordres d'illustres membres, parmi lesquels nous rappellerons Alain de Bruc au XIII° siècle; Jean, chancelier de Bretagne, ambassadeur à Rome du duc Jean V en 1420; enfin François, l'un des plus vaillants guerriers du XVII° siècle.

HUITIÈME EXCURSION.

LA FORÊT DU GAVRE.

Le Gâvre (35 kilomètres de Rédon); — Blain (5 kilomètres du Gâvre).

La route de Redon à Blain atteint au Coin-de-Curun (26 kilomètres de Redon) la lisière de la forêt du Gâvre.

Cette belle forêt, la plus vaste de Bretagne, a une contenance totale de 4,479 hectares. Elle est percée de dix lignes soigneusement entretenues qui viennent se couper en un rond-point central, près d'un élégant rendez-vous de chasse, et qui sont reliées entre elles par des lignes secondaires destinées à faciliter l'exploitation des coupes.

« Les dix lignes qui étoilent la forêt sont nommées suivant leur direction : lignes du Gâvre, de l'Epine-des-Haies, de Guémené ou du nord, du Coudray, de Plessé, de Carheil, de la Hubiaie, de la Chaussée, de Blain, de la Crée.

« C'est sur la plus longue et la plus remarquable de toutes, celle de l'Epine-des-Haies, que se voit à moins d'un kilomètre du rond-point l'arbre si connu sous le nom de Chêne-au-Duc, âgé, dit-on, de douze siècles, mutilé, il semble, comme un vétéran couvert de blessures, mettre son orgueil à mourir debout.

Nous ne décrirons pas, après Souvestre, Richer, tant d'autres encore, les sensations qui naissent à la vue de cette calme et riche nature. Nous ne saurions d'ailleurs définir le charme qu'on éprouve à se perdre dans les profondeurs du bois, à suivre du regard le chevreuil effarouché sous le couvert ou l'oiseau chantant dans le feuillage, à rêver sous les grands chênes au murmure de la brise qui fait onduler, en passant sur la cime des arbres, les flots de cet océan de verdure.

C'est à peine si l'on peut s'arracher à ces poétiques jouissances pour visiter la *ville* du Gâvre avec ses maisons antiques, et, comme on dit, le *bourg* de Blain, qui montre encore au-dessous de son église ogivale, de l'autre côté de l'Isac canalisé, les ruines intéressantes de son vieux manoir, construit dès le XIIe siècle par Alain Fergent, tant de fois pris et repris, démantelé et reconstruit, et conservant encore, dans sa vieillesse, un air de distinction féodale qui rappelle les chevaleresques souvenirs de ses anciens maîtres, les Clisson et les Rohan.

Blain est la patrie d'un de nos plus érudits archéologues, M. Bizeul. On connaît les découvertes intéressantes de cet antiquaire distingué, ses recherches sur nos origines bretonnes, et son amour patriotique pour la ville de Blain, dont il fit la capitale des Namnètes.

Cependant, — en dehors des importantes voies qui convergent vers cette station romaine, — on ne retrouve à Blain que bien peu de vestiges du peuple conquérant, des briques à rebord, des fragments de poterie brisée, que le voyageur se hâte d'étudier pour aller, sous le couvert de la forêt, chercher l'ombre, la fraîcheur, le repos, et oublier sous les chênes toujours jeunes la vieille *Blabia* des anciens jours.

NEUVIÈME EXCURSION.

SAINT-GILDAS, CAMPBON, GUENROUET.

En voiture particulière : Fégréac, Pont-Miny, La Pierre-à-la-Vache, — Saint-Gildas (19 kilomètres de Redon); — Brivet, Sainte-Anne, Magouët; — Campbon (83 kilomètres de Redon); — Coislin, Quilly, Notre-Dame-de-Grâce, Guenrouet (18 kilomètres de Campbon, 24 kilomètres de Redon); — Carheil, Saint-Clair, Le Dréneuc.

Il faut prendre à Saint-Nicolas et suivre à travers les terres cultivées, puis le long des pins de la Salente, la route de Blain jusqu'au Pont-de-l'Eau. A ce point, au-dessus de l'extrémité du bel étang au Mée, la route de Savenay par Campbon se détache vers la droite, passe près des villages de l'Abbaye et Mehigoz, et redescend vers le Pont de Flandre (Pons Flaminii) où elle coupe en X la voie romaine, de Rieux à

Blain. Elle remonte ensuite, par une rampe rectifiée, au bourg de Fégréac, dont l'église, récemment construite, couronne agréablement un frais vallon.

Mentionnée dès 1124 dans l'acte par lequel Conan-le-Gros, à la prière de l'évêque Brice, confirma au diocèse de Nantes ses anciennes églises, et en ajouta quarante-trois nouvelles, la paroisse de Fégréac a été occupée, pendant la Révolution, par un saint prêtre, l'abbé Orain, dont la mémoire est restée populaire, et presque légendaire même, — dans le pays.

Au-dessous du bourg, à Pontminy, ainsi nommé sans doute d'un ancien *minihy*, ou lieu d'asile au moyen-âge, on traverse sur un pont à péage un affluent de la Vilaine, aujourd'hui canalisé, l'Isac, barré dès le XVe siècle par des écluses, dont le roi François Ier, pour rendre la rivière navigable, ordonna la destruction, avec défense expresse de les reconstruire, par lettres données à Arqués, le 12 août 1545, à l'occasion des eaux et forêts, chasses et pêches, mais le lit de l'Isac, souvent obstrué par les vases d'amont et même celles d'aval entraînées par le flot, a été, à plusieurs époques, l'objet de curages intelligents, sans que le projet de François Ier ait pu se réaliser avant la création du canal actuel.

Au-dessus de la chaussée de Pontminy, la route traverse le village de la Normandaie, et, laissant la route de la Roche-Bernard se séparer d'elle vers l'ouest, suit à gauche une direction sud, vers Saint-Gildas. Bientôt on atteint la crête, dentelée par de nombreux rochers, d'une colline élevée, et à moins d'un kilomètre vers l'est, on aperçoit, nettement détaché des blocs naturels qui le supporte, le beau monument mégalithique connu sous le nom de *Pierre-à-la-*

Vache. Ce n'a jamais été, — comme l'ont soutenu à tort plusieurs antiquaires, — un *rouler* ou pierre branlante; c'est un autel, et l'un des mieux conservés que nous connaissions; même en le comparant à ceux de Lanvaux, si bien décrits par M. Fouquet. Il se compose de rochers naturels servant de base et d'un bloc isolé, long de 4ᵐ20, haut de 2 mètres, large de 1ᵐ60, affectant la forme triangulaire d'un kelt et cubant plus de 13 mètres. Tout autour de cette masse ainsi équilibrée, règne un parvis circulaire d'une largeur moyenne de 2 mètres. Le sol a été nivelé avec soin, et le monticule sur lequel elle s'élève est entouré d'une enceinte formée par un large fossé. Au-dessous de la *Pierre-à-la Vache*, à 50 mètres au sud, on voit un beau menhir en quartz (hauteur 3ᵐ50, — largeur 3ᵐ40, — épaisseur environ 1 mètre) dont un morceau, — avec une croix de fer qui surmontait ce peulvan, — a été brisé par la foudre. De l'autre côté, et à 200 mètres vers le nord, près d'un magnifique retranchement, la charrue retourne des briques romaines et met à nu des pans de murailles.

Comme tous les autres monuments du même genre que nous connaissons en Bretagne, cet autel occupe un point excessivement élevé et de son sommet plane sur un immense horizon. Il semble que, centre d'une peuplade celtique, ce monument religieux de nos pères ait été, — comme le clocher chrétien de nos jours, — destiné à ramener sans cesse vers le ciel le regard et l'âme de tous les habitants d'une paroisse druidique.

Au couchant de la route et en face de la Pierre-à-la-Vache, on aperçoit l'église récemment reconstruite de Sévérac, son château, ses bois, et au-dessous la station établie sur le chemin de fer de Redon à Savenay. Bientôt on entre dans la forêt de Saint-Gildas, vaste semis de pins maritimes fait, par ordre du gouvernement, sous le règne de Louis-Philippe.

Tandis que les moulins à vent, situés au-dessus du bourg, ont mérité de donner lieu à ce dicton si répandu dans le pays : Qui voit les moulins de Saint-Gildas ne les tient pas, le bourg se cache dans des bois qui lui ont valu son nom, et on le *tient* avant de l'avoir vu.

Il doit son origine à une abbaye de bénédictins, fondée, l'an 1026, au lieu dit Lam-Pridic, par Simon de la Roche, en présence et du consentement d'Alain III, duc de Bretagne; de Mathias, comte de Nantes; Gautier, évêque de Nantes; Guérin, évêque de Rennes, à charge aux moines de fournir, pour cens, un sommier ou cheval de guerre, quand leur donateur irait à l'armée. Hélogon, envoyé par Catwallon, abbé de Redon, comme premier abbé de Saint-Gildas *de nemore*, reçut en outre de son fondateur les villages, — encore existants aujourd'hui, — de Botfermel (Botfromet), Trehermen, Codel, Bochel et Bahélu. Sur la liste des abbés successeurs d'Hélogon, les seuls du diocèse de Nantes qui eussent le droit de porter les ornements pontificaux, nous remarquons Guillaume d'Estouteville, cardinal-archevêque de Rouen; le cardinal Guillaume Briçonnet, chancelier de France; Guillaume Eder; Baudoin de Goulaine, d'une illustre famille du comté nantais; Charles d'Espinay, évêque de Dol, qui assista au concile de Trente; Henri de Bruc; Sébastien-Joseph du Cambout, abbé de Pontchâteau, célèbre janséniste; et Henri-Ignace de Brancas, évêque de Lisieux.

Les anciens bâtiments claustraux sont occupés depuis 1828 par des sœurs de l'instruction chrétienne,

société fondée à Beignon par le vénérable abbé Des-
haies ; et servent de maison de noviciat pour les religieuses institutrices dans les communes rurales.

L'église de l'abbaye, devenue sous le vocable de saint
Gildas église paroissiale, est assez intéressante comme
produit hybride de l'art roman et de l'art gothique,
comme monument de l'époque de transition. C'est un
édifice en forme de croix latine, surmonté sur l'intertransept d'une tour quadrangulaire couverte en ardoises et percée sur chaque face de deux fenêtres ogivales, et flanqué de contreforts visiblement épaissis
postérieurement à leur construction. Les trois nefs
sont séparées par six travées d'arcades ogives retombant alternativement sur une lourde colonne mono-cy-
lindrique à chapiteaux saillants ornés de feuilles, et sur
un pilier arrondi, entouré sur ses quatre faces de colonnes cylindriques à peine engagées, à chapiteaux
romans chargés de feuilles épanouies ou recourbées
en crosse. Le chevet est polygonal et le chœur présente,
à une grande hauteur, un lambris en bois avec pendentifs et nervures formées par un gros tore en bois
saillant, qui vient retomber sur des colonnes élancées
un peu engagées dans les murs latéraux. Les autels,
de style renaissance, sont fort ornementés et chargés
de riches sculptures. Celui du transept nord a les sou-
bassements des colonnes du contre-rétable enrichis de
personnages en bas-reliefs ; l'autel correspondant sud
est surmonté d'une statue de saint Nicolas d'un assez
bon travail, mais recouvert d'un affreux badigeon. En
avant des transepts, un chancel fermé par une grille
en fer forgé, d'un bon style, renferme des stalles en
bois avec miséricordes sculptés en anges, animaux
fantastiques, écussons avec le mot : *Pax*, et faites,

comme la grille, en 1711, sous le gouvernement d'Ignace de Brancas. Sur les murs latéraux de la nef principale, percés au-dessus des arcades par des baies, quelques-unes ogivales, la plupart en plein cintre, d'épais badigeons font disparaître l'écusson des du Cambout. Deux autels en bois, du commencement du XVIIIe siècle, ont été bizarrement adossés au mur de la façade, dans lequel s'ouvrent la porte principale, à voussures en ogives retombant sur des colonnettes en retrait à chapiteaux ornés de feuillages et une porte latérale du même style, surmontées d'une large arcature romane bouchée sans doute en 1533, comme l'indique une inscription gravée sur une pierre.

Près de l'église, dans le cimetière, on voyait un petit bâtiment où, — en l'honneur de saint Gildas-le-Sage, — les bénédictins traitaient les fous ; bien que cet hôpital n'existe plus, de nombreux pèlerins s'y rendent encore.

En sortant de Saint-Gildas-des-Bois, on laisse la route de Pontchâteau traverser le chemin de fer sous un pont métallique, pour prendre à gauche, le long de l'enclos du couvent, la route de Campbon. Bientôt on atteint près d'un moulin à vent la voie romaine du Gué-de-l'Isle à Blain, par la Bretêche, et on la suit, avec la route moderne établie sur son pavé, par des landes où d'énormes affouillements rappellent d'anciennes exploitations, et par les bois où s'abrite le châlet du Drénic, jusqu'au ruisseau de Brivet. A ce point, la voie romaine continue vers Blain sa direction est, à côté de la jolie chapelle de Notre-Dame-de-Bolhet bâtie sur le coteau, tandis que la route moderne tourne brusquement à droite, traverse le village, franchit sur la chaussée de Brivet les marais pleins d'arbres engloutis comme ceux de la Brière, et remonte, par les domaines de la

Reinaje et de l'Hôtel-Grand, vers Sainte-Anne, succursale de Campbon récemment dotée d'une église.

Deux kilomètres plus loin, au pied de la chapelle Sainte-Barbe, lieu de pèlerinage très-suivi, on rencontre le village de Magouët. Ce nom, très-répandu dans le pays Gallo et la Haute-Bretagne, indique très-souvent, sinon toujours, d'anciennes substructions et en général des ruines romaines. Le village de Magouët, en Campbon, ne fait pas exception à la règle et occupé certainement l'emplacement d'une station romaine indiquée par de nombreux débris et une grande quantité de briques à crochets.

On arrive ensuite à Campbon, après avoir traversé une riche contrée où s'élèvent au milieu des cultures les grands villages de la Bosse et de la Turpinaie.

Le bourg de Campbon a depuis quelques années acquis une certaine importance, grâce au percement de ses routes, à l'établissement des gares de Savenay et Pontchâteau qui en sont éloignées chacune de 8 kilomètres, et à la création d'un marché hebdomadaire le jeudi ; mais il offre assez peu d'intérêt au touriste.

Comme Massérac, Campbon eut, au commencement du moyen-âge, sur son territoire, un pieux solitaire, dont le nom indique l'origine romaine, saint Victor, encore aujourd'hui patron de la paroisse. Saint Victor naquit à Campbon, vers l'an 560, et après une longue vie de prières et de méditations, fut inhumé dans l'oratoire de sa cellule, remplacée beaucoup plus tard par la chapelle qu'on voit encore à l'est du chef-lieu communal. L'église paroissiale, bâtie sous son invocation, fut détruite et rasée en 878 par une horde normande, restée pendant plus de dix ans maîtresse du pays. Un siècle plus tard (980), elle fut reconstruite par les soins du comte Guerech. L'église actuelle, assez intéressante, a remplacé, à l'époque ogivale, le monument du X⁰ siècle.

La commune renferme, sur la jolie propriété de Crincoët, d'assez curieux monuments mégalithiques, connus dans le pays sous le nom des *Pierres bises* et près desquelles on a découvert de fort belles haches de pierre.

Non loin de ces débris celtiques, s'élève le bâtiment de la Ducheraie, transformé de nos jours en collége ecclésiastique ouvert en 1831.

Sur un autre point de la commune, à 1,500 mètres est du bourg, on visite avec intérêt une importante exploitation calcaire, établie sur un banc tertiaire de l'étage éocène, très-riche en fossiles. On y fabrique du ciment et de la chaux hydraulique.

En sortant de Campbon, — pour revenir à Redon par Quily et Guenrouët, — on voit, sur le bord du chemin, une vieille ruine, nommée la Tour-d'Enfer, bâtie, disent les habitants, par César; mais rien, ni dans les vestiges locaux de l'occupation romaine, ni dans l'architecture de cette tour, — ne peut confirmer cette tradition.

On suit ensuite le chemin, — en cours d'exécution, — n⁰ 15, de Donges à Quily, et à 4 kilomètres de Campbon, on rencontre une avenue et sur des ruines une habitation moderne. Des vieilles tours, des fossés où croupit une eau fangeuse, des blocs de maçonnerie tombés dans les orties ou à grand'peine soutenus par les lierres, voilà tout ce qui reste aujourd'hui du manoir de Coislin, passé en 1552 dans la maison du Cambout par le mariage de Françoise de Baye, dame de Coislin, avec René du Cambout, gouverneur-réformateur des eaux et forêts de Bretagne, possédé ensuite par François du Cambout, gouverneur de Nantes sous Mercœur; enfin réuni aux baronnies de Pontchâteau et de la Roche-Bernard, pour former en 1634 le marquisat, puis en 1663 le duché-pairie de Coislin, établi par lettres royales en faveur de René du Cambout, grand-maître des eaux et forêts de France, et oncle, par sa femme Françoise du Plessix, du cardinal de Richelieu.

Au nord de Coislin, on entre dans la commune la moins importante peut-être de l'arrondissement de Saint-Nazaire, celle de Quily. Elle ne renferme que quelques monuments druidiques sans intérêt, un chef-lieu communal sans importance, et une chapelle, à l'est du bourg, Notre-Dame-de-Planté, sans style, mais fréquentée, — comme la chapelle de Crée-lait à Nantes, par bien des nourrices de la Loire-Inférieure.

Un peu plus loin, se trouve la chapelle de Notre-Dame-de-Grâce, bâtie sur le bord de la voie romaine de l'Isle à Blain, enrichie dès le moyen-âge par les largesses d'Arthur II, érigée en 1844 en succursale de Guenrouët, et remplacée de nos jours par une église moderne.

A une lieue de Notre-Dame-de-Grâce, dans le bourg communal de Guenrouët, fondé, dit-on, en 889, on visitera, mais sans intérêt, l'église paroissiale, dédiée à saint Herméland.

Sur le territoire de Guenrouët, quelques antiquaires signalent la Motte féodale de l'ancien manoir de l'Angle, et la forêt de Coatel, qu'on prétend avoir été occupée militairement par les Romains.

Mais le point le plus intéressant est sans contredit le beau château de Carheil, coquettement assis sur le bord de l'Isac canalisé, à l'ombre de ses belles futaies. Cette belle terre, possédée en 1464 par Louis Macé, chevalier, seigneur de Carheil, puis par ses descendants, devint, en 1685, vicomté, érigée en faveur de René du Cambout, gouverneur de Rhuys, héritier par les femmes de la famille de Carheil. Elle a ensuite appartenu à la famille d'Orléans et est aujourd'hui la propriété de M. de la Motte. Le château, réparé avec goût, renferme une intéressante chapelle, et, dans une des salles, de grands tableaux des meilleurs peintres modernes.

Au-dessous de Guenrouët, au bout du pont de Saint-Clair, on entre dans la commune de Plessé. Là, sur le bord de la rivière, s'élève une antique chapelle, souvent visitée par les pélerins, et autour de laquelle on peut encore retrouver les vestiges de l'ancien château de Sé, Castellum Seium, qui est cité dès le 28 août 903 dans un acte émané d'Alain-le-Grand, et qui, en raison de son importance, a donné son nom à tout le pays, Plessé, *plebe se*, le peuple de Sé. — On retrouve encore ce nom dans Lansé (Lan-sé, la lande de Sé) qu'on traverse un peu plus loin et sur laquelle se dresse un beau menhir, dans Tressé (Tref-sé, village de Sé) et peut-être aussi dans le nom moderne du village de Roset (Ros-sé, le tertre de Sé).

Ce dernier village, important relais sur la route de Blain à Redon, possédait une aumônerie fondée le 6 février 1314 par Arthur II, et dotée par ce prince de 200 livres de revenu, à charge au chapelain qui la desservait de donner l'hospitalité et l'aumône, de dire trois messes et de résider sur les lieux.

Nous laissons derrière nous cet important village, à notre droite, au bout d'un chemin vicinal, le bourg de

Plessé et son château de Fresnaye, dont la chapelle conserve encore quelques peintures intéressantes, pour prendre, à Lansé, vers l'ouest, la route de Blain à Redon. On suit avec elle, pendant plus de 8 kilomètres, la voie antique de Blain à Rieux, dont on voit, tantôt à droite, tantôt à gauche, des tronçons coupés, mais fort reconnaissables encore.

Un peu avant Bellevue, le chemin romain prend vers le sud-ouest la direction de Fégréac, tandis que la route moderne descend vers la jolie habitation du Dreneuc, frileusement enveloppée dans ses rideaux d'arbres verts, et semblant, dans sa tranquillité paisible, avoir complétement oublié le sanglant épisode révolutionnaire dont il fut témoin en 1796.

Deux kilomètres plus loin, on retrouve Pont-de-l'Eau et l'on a vite rejoint Redon, qu'on aperçoit de la Salente, et dont on distingue, au pied des côteaux de Beaumont, l'église avec sa tour grise, le collége avec sa chapelle blanche.

DIXIÈME EXCURSION.

PONT-CHATEAU, LA BRETÈCHE.

Par chemin de fer et correspondance à Pontchâteau, pour La Bretèche et La Roche-Bernard : Stations de Sévérac (13 kilomètres de Redon), de Saint-Gildas-des-Bois (18 kilomètres de Redon), de Drefféac (23 kilomètres de Redon), de Pontchâteau (28 kilomètres de Redon); — Pontchâteau, La Madeleine, La Bretèche (10 kilomètres de Pontchâteau), Missillac.

Le chemin de fer de Redon vers Savenay, après avoir traversé, en sortant de la gare, la place Saint-

Sauveur et la promenade, franchit la Vilaine sur un pont métallique, dont la travée centrale, portée par des piles de granit solidement assises, a 40 mètres de longueur. Il atteint ensuite, dans les marais, les aiguilles de bifurcation de la ligne de l'ouest, se jette à droite vers le bourg de Saint-Nicolas et s'enfonce dans les cultures de Quinsignac, village cité dès le IXe siècle sous le nom de Chenciniac, dans la donation faite par Catloiant à saint Conwoïon pour faire admettre son fils Ratwili au monastère Saint-Sauveur.

La voie ferrée et le canal de Nantes suivent ensuite une ligne parallèle, se rapprochent çà et là de la Vilaine égarée dans les marais de Rieux, franchissent ensemble le Rouge-de-Roz par une tranchée de 300 mètres de longueur sur 28 mètres de profondeur, et se séparent ensuite, le canal pour contourner la butte Saint-Jacques, couverte de ruines romaines, et se diriger à l'est vers Pontminy et Blain, le railway pour couper la vallée de l'Isac canalisé et courir vers le sud. L'établissement de la voie dans ces marais mouvants a demandé des travaux sérieux et des dépenses énormes. La voie longe ensuite un étang marécageux, et, décrivant une large courbe, traverse sur un passage à niveau la route de Redon à La Roche-Bernard, pour s'arrêter à 13 kilomètres de Redon, à la station de Sévérac.

Le bourg de Sévérac, distant à peine d'un kilomètre de la station, n'a d'intérêt que par son église neuve et son vieux château, ancienne possession de la famille de Talhouët. Le chemin de fer les laisse à l'ouest, — tandis qu'à l'est de vastes landes remontent jusqu'aux ruines romaines du Cougou et aux roches druidiques de la Pierre-à-la-Vache, dont la masse pittoresque se détaché à l'horizon, — pour traverser l'ancien bois de Reslin, noyé dans la forêt actuelle de Saint-Gildas, et arriver à la station de Saint-Gildas, éloignée de celle de Sévérac de 5 kilomètres seulement.

Nous avons décrit ailleurs le seul monument intéressant de Saint-Gildas, son église de l'époque de transition, dont on voit la tour quadrangulaire, derrière les anciens bâtiments des bénédictins reconstruits et occupés par les sœurs de l'instruction chrétienne et entourés d'un magnifique parc. — Nous glisserons donc rapidement sur les rails pour traverser avec eux les vastes marais de Saint-Gildas, saluer à gauche, en passant, l'élégante flèche de la chapelle de la ferme-école dirigée par M. Delozes; longer, après un arrêt forcé à l'humble station de Drefféac (5 kilomètres de Saint-Gildas), les terres et l'habitation de la Louisiane à gauche, à droite les maisons couvertes en roseaux et la pauvre église de Drefféac, puis le château de Beaubois, encadré dans ses futaies, traverser une longue et monotone tranchée, puis la vallée du Brivet, avec ses bords pittoresques et sa fraîche rivière se perdant vers l'est, entre les châteaux de la Sublaire et Coëtdrosic, et enfin nous arrêter, — au-delà d'un tunnel de 152 mètres de longueur, — à la station de Pontchâteau, établie tout près de cette petite ville, à 5 kilomètres de la station précédente.

Des voitures publiques, en correspondance avec tous les trains, conduisent les voyageurs à la Roche-Bernard; il faut les prendre pour aller à la Bretèche, et si l'on n'a pas le temps de visiter la ville de Pontchâteau, qu'on n'en éprouve aucun regret : car ici, rien à voir en dehors du paysage. Du château des hauts seigneurs du lieu, nulle trace.

C'est dans l'histoire qu'il faut chercher le passé de cette petite ville, pleine d'avenir, surtout quand sa rivière, le Brivet, sera canalisée depuis son embouchure dans la Loire, à Méans, à travers toute la Brière, jusqu'à Pontchâteau. Dès 1050, on voit un seigneur de Pontchâteau, Jarnogan, donner des rentes aux moines de Saint-Cyr de Nantes. En 1080, d'après Ogée, Benoît, évêque de Nantes, donne à un laïc, malgré les défenses des conciles, la cure de Pontchâteau. Cet homme, du nom de Rodoald, voulant mourir sous l'habit monastique, résigna son église aux moines de Marmoutiers, laissant ainsi dans la plus affreuse indigence sa femme et un fils à la mamelle. Après la mort de Rodoald, l'évêque Benoît, à qui il avait recommandé sa veuve et son fils orphelin, engagea les moines de Marmoutiers à pourvoir aux besoins de la famille du donateur. Ils n'en firent rien, prirent possession du bénéfice, et ce ne fut que quelque temps après qu'ils cédèrent enfin aux impérieuses sollicitations de seigneurs leurs voisins, et consentirent à recevoir comme moine, lorsqu'il en aurait l'âge, le fils de Rodoald, ou, s'il n'avait pas la vocation monastique, à lui donner une dot. — Les moines de Marmoutiers ont possédé jusqu'à la Révolution la cure de Pontchâteau.

Le seigneur de Pontchâteau le plus connu est le fils de Jarnogan, Olivier, qui, en 1125, accompagné de Savary, vicomte de Donges, vint, suivi d'un ramas de pillards, rançonner les vassaux de l'abbaye de Redon. Le duc Conan III envoya immédiatement au secours du couvent. Olivier, pressé par les troupes ducales, se renferma dans l'église Saint-Sauveur avec ses amis ; mais bloqués et pressés par la faim, ils furent forcés de se rendre, et furent conduits au Bouffay de Nantes, où ils restèrent prisonniers pendant deux ans. D'après une charte du 24 octobre 1127, Olivier donna à Hervé, abbé de Redon, pour sa délivrance et la levée de l'excommunication qui pesait sur lui, son domaine de Ballac, devenu depuis prieuré, dans la paroisse de Pierric. Excommunié de nouveau en 1132, par Brice, évêque de Nantes, pour avoir pillé les vassaux de Saint-Sauveur, dans la commune de Mouais, et leur avoir causé un dommage « estimé plus de 500 sous, » il fut obligé, pour rentrer dans le sein de l'Eglise, de faire amende honorable et de concéder aux religieux un nouveau domaine.

Ses descendants suivirent son exemple. Eudon, en 1189, pilla aussi les moines de Marmoutiers, et pour ne pas mourir dans l'impénitence finale, leur fit aussi des dons assez considérables.

A la fin du XIIIe siècle, la seigneurie de Pontchâteau passa dans la maison de Clisson, puis, deux cents ans plus tard dans celle de Rohan, avec Pierre de Rohan, mort en 1518, après avoir prescrit par testament de faire dire pour le salut de son âme dix mille messes et de donner à deux mille pauvres de Pontchâteau, si on les pouvait trouver, le jour de son service, une aumône d'un liard à chacun.

Possédée ensuite par les familles de Maillé et de Laval, la baronnie de Pontchâteau fut acquise en 1625 par René du Cambout, grand-maître des eaux et forêts de France, et forma, avec la seigneurie de la Roche-Bernard, le duché-pairie de Coislin.

En outre du château qui a donné son nom à la ville, il y avait à Pontchâteau une maladrerie à présentation de l'évêque, et un très-ancien prieuré, enrichi dès 1274 par Nicole de Lesquern, de dîmes auxquelles Guillaume, fils de la donatrice, ajouta 11 sous 6 deniers de rente annuelle.

L'église a été remplacée, il y a quelques années, par un édifice assez remarquable.

La commune de Pontchâteau renferme encore un autre monument religieux, que nous voyons de la route de la Bretêche, à une demi-lieue de la ville, sur la lisière de la forêt de la Madeleine ; c'est un calvaire commencé en 1707 par un missionnaire ardent, le Père Louis-Marie Grignon de Montfort, qui, en stimulant le zèle des populations voisines, réussit à faire exécuter, pour servir de base à la croix, une véritable montagne de terre. Autour de ce monticule devaient être bâties quinze chapelles, et trois d'entre elles étaient déjà terminées quand Louis XIV, prenant, dit-on, ce travail pour une œuvre janséniste et craignant que cette taupinière ne devînt, un jour de rébellion, une forteresse, fit suspendre l'entreprise et intima aux paroisses voisines l'ordre de détruire leur ouvrage. Un siècle après, repris à l'instigation d'un curé de Pontchâteau, ce calvaire fut terminé en 1822, avec une seule chapelle et des croix remplacées il y a peu de temps par des croix en fonte d'un beau travail comme ornementation, mais qui, vues de loin, présentent, par leur disposition oblique, l'aspect peu artistique d'une guillotine.

Près de ce monument, et non loin d'une source consacrée, on voit encore, sur la lande, un fort beau menhir, appelé dans le pays le fuseau de la Madeleine. On dit aussi que sur l'emplacement du Calvaire, il existait un fort beau dolmen, détruit par les travaux du P. Montfort et sans doute enfoui sous le tumulus chrétien.

De la Madeleine au Bon-Tour, il n'y a que 7 ou 8 kilomètres à faire sur la route impériale. C'est au Bon-Tour qu'on se fait descendre pour prendre vers le nord le chemin de Missillac.

C'est entre ce petit bourg et la route, à moins d'un kilomètre de ces deux points, que s'élève au bord de son étang le château de la Bretêche, le plus joli, sans contredit, de tous les châteaux du pays.

Bâti en 1478 par un baron de la Roche-Bernard, Jean de Montfort-Laval, possédé ensuite par la famille calviniste des Coligny d'Andelot, devenu lieu de prédication, puis de refuge pour les réformés, réuni en 1663 au duché de Coislin, puis vendu en 1733 aux Boisgélin de Cucé, ruiné pendant les troubles révolutionnaires, acheté successivement par M. Formon et M. Perron, ce magnifique château appartient aujourd'hui à M. de Montaigu, qui met à décorer le noble manoir le zèle d'un propriétaire et le talent d'un artiste.

Les défenses extérieures du château sont restées à l'état de ruines ; mais la tour du pont-levis et le château lui-même ont été réédifiés avec goût par M. Perron.

Le château, — vu de la cour d'honneur — présente deux étages avec cinq fenêtres de façade, avec meneaux en croix. Celles de la naissance du toit sont surmontées de frontons aigus très-ornementés et accompagnés d'élégants pinacles. Des tourelles octogones, avec portes ornementées à voussures, flanquent le corps de logis principal. La façade postérieure, que l'on voit de la route, est d'un dessin moins riche. Cependant les croisées du toit offrent la même disposition, et les angles ont aussi leurs tours octogones que relie, au rez-de-chaussée, une série d'arcades à cintre surbaissé.

Le pont-levis, à l'entrée de la cour, est défendu par deux grosses tours cylindriques à crénaux et machicoulis, baignant leurs pieds dans la belle nappe d'eau qui entoure le château.

Derrière s'étend la belle forêt de la Bretêche, magnifique dépendance de cette magnifique propriété. Dans cette forêt, signalons en passant, aux archéologues, une voie romaine bien conservée, qui, venant du gué de l'Isle, en Marzan, traverse près de l'auberge de Bellevue la route impériale, coupe toute la forêt de la Bretêche et par les maisons du Siège et de la Croix-de-Haut, en Missillac, le Mortier et Gourap, en Saint-Gildas, N.-D.-de-Grâce et Pont-Nozay, en Guenrouet, rejoint au coin de la forêt du Gâvre la voie de Rieux à Blain, par Roset et Caparois.

A quelques cents mètres de la Bretêche, s'élève le bourg communal de Missillac, remarquable par son église ogivale, dédiée à SS. Pierre et Paul. Cet édifice, flanqué de contreforts saillants, avec retraits et larmiers, a pour entrée principale une porte ogive, à voussures supportées de chaque côté par de minces colonnettes. Il n'y a qu'un seul bas-côté au nord, relié à la nef principale par 4 travées d'arcades plein cintre, retombant sur colonnes cylindriques sans chapiteaux. Au chevet qui est droit, on peut admirer une grande baie à meneaux perpendiculaires, renfermant dans leurs compartiments de beaux vitraux qui représentent les scènes de la Passion et les expliquent par des légendes. Dans les transepts, d'autres vitraux se voient encore dans des fenêtres géminées, à trilobes. Le croisillon sud est voûté en pierre, avec nervures saillantes reçues sur des chapiteaux historiés, chargés de figures symboliques.

Dans le chœur, on voit la dalle tumulaire d'un membre de la famille du Cambout, avec cette épitaphe louangeuse :

D. O. M.   V. Q. M.

Piis et dilectis manibus excellentissimi herois D. Caroli Du Cambout, baronis de Pontchateau et de la Roche-Bernard, Christianissimi regis a sanctioribus consiliis Equitis Torquati ; inferioris Armoricæ pro Rege et apud Brivates Toparchæ ; viri priscæ libertatis ac probitatis, et per omnia virtuti Christianæ sir illimi, consilio, manu, fide optimi ; in secunda fortuna insolentiam nescientis ; sed ad totius Galliæ stuporem demissi ; vix tam sibi, sed omnibus nati ; Lucretia de Quincampoix, carissima justa ac prudentissima conjux altera, hoc sepulchrum bene merito conjugi superstes posuit, nec tota sui parte sepulto : quippe cor optimi conjugis hymenæo sibi ante quadriennium primum, supremis tandem tabulis monumentum, et pignus optimi amoris traditum legatumque, eadem ipsa optima conjux hocce in sacello suo Coibonio conditum voluit.

Abiit magis quam obiit, septuagenario triennio major, reparatæ per Christum Salutis humanæ.

1648, mars 4.

Huic tu, viator, pie defuncto æternam requiem, si pius est, adprecare.

Nous ne savons si c'est à Coëtbo, en Guer, dans la chapelle du château, que fut déposé, par sa femme Lucrèce de Quincampoix, le cœur de ce puissant seigneur, baron de Pontchâteau et de La Roche-Bernard, gouverneur, à Brest, de la Basse-Bretagne.

Les environs de Pontchâteau offrent plus d'un point curieux à visiter : c'est Crossac avec ses pierres celtiques et sa mine de plomb sulfuré ; Sainte-Reine avec son dolmen et son château de Crevy ; Besné, enfin, l'ancienne île Vindunet de Grégoire de Tours, la patrie des deux saints Friard et Secondel, dont on conserve pieusement les cercueils posés *pied à pied* dans le mur de l'église, l'atelier préhistorique découvert par M. de Closmadeuc, où comme à Kramaguen, près Guérande, étudié par MM. Foulon et de Kersabiec, on exploitait ces meules de granit, objet, dans les temps primitifs, d'une importante exportation. Le touriste lui-même ne doit pas négliger la Grande-Brière ; frappé par l'étrangeté du pays, de ces villages sortant du marais, des costumes, du langage, des superstitions du Briéron, il rapportera certainement d'une promenade dans cette Venise paludéenne de puissants et durables souvenirs.

ONZIÈME EXCURSION.

LA ROCHE-BERNARD.

En voiture particulière ou en chemin de fer, par la station de Pontchâteau : Béganne (16 kilomètres de Redon) ; — Péaule (27 kilomètres de Redon) ; — Marzan (33 kilomètres de Redon) ; — La Roche-Bernard (37 kilomètres de Redon) ; — Lande de Kerlieu ; — Saint-Dolay (12 kilomètres de la Roche-Bernard) ; — Sévérac (18 kilomètres de La Roche-Bernard, 15 kilomètres de Redon).

De Redon à la Roche-Bernard, la rivière offre la voie la plus directe, sinon la plus suivie ; cette traversée d'environ 7 lieues est vraiment charmante. La Vilaine, en effet, tristement monotone au départ, dans ses méandres, devient au-dessous de Rieux plus pittoresque. Peu à peu, au-dessous de Craon, ses bords s'élèvent, et, au-delà de Folleux, elle s'encaisse dans de grands rochers, çà et là coupés de profonds ravins, comme au passage de Péaule, ou couronnés d'élégantes habitations, comme la Cour de Marzan, pour venir enfin rouler ses eaux sous le pont suspendu de la Roche.

Mais si peu longue qu'elle soit, cette traversée n'est pas toujours sans ennuis ; il faut se conformer au bon plaisir des marées, des courants, des vents. Parfois aussi, au-dessous de Rieux, sur les *platines* de Béganne, les lames courtes et drues fatiguent fort canot et canotiers. Aussi, tout en engageant les touristes à descendre la Vilaine, décrirons-nous de préférence les deux voies de terre qui relient Redon à la Roche-Bernard, l'une par Béganne, Péaule et Marzan, l'autre par Fégréac, Sévérac et Saint-Dolay, et choisirons-nous la première pour l'aller, la seconde pour le retour.

On quitte près du moulin de Gléret la route de Redon à Allaire, pour monter sur les vastes landes qui s'étendent de Rieux à Béganne. Bientôt on traverse la voie de Rieux à Vannes, tracée au travers de l'ancienne forêt de Rieux, et on suit pendant plus de deux lieues, jusqu'au-delà du moulin des Landes, la chaîne de collines qui bordent au nord la vallée de la Vilaine. Sur toute la route, on domine le cours du fleuve. Le regard limité au loin vers le sud par les coteaux de Saint-Dolay, dentelés par les grands pins du Roho, par les bruyères du Grand-Mont, par la chapelle de Saint-Lien, aime à suivre le fleuve au fond de son verdoyant bassin déroulant entre ses rives comme un

largé ruban d'argent ses flots sous le soleil. A droite
de la route, dans un ravin profond, coule un gros ruisseau, affluent de l'étier de Folleux. Au-delà, des landes
diminuées chaque jour par la charrue, chaque jour coupées par les fossés des défricheurs, s'étendent vers le
nord, à peine égayées par l'oasis de verdure d'où s'é-
chappe le clocher d'Allairé, restes sans doute d'anciennes forêts détruites peut-être à l'époque romaine,
suivant l'ordre du général : *Cæsar sylvas secari jubet*,
aujourd'hui mélancolique paysage avec ses lignes nettement accentuées sur le ciel, avec ses collines grises
sous les bruyères où ne fleurit au printemps que la
fleur d'or des Bardes, et où, sous les vents d'ouest,
court tristement l'ombre des nuages.

Bientôt, sur une éminence, apparaît le bourg de Béganne, nommé dès le XIᵉ siècle, dans la donation faite
à Saint-Sauveur du village de Trevuthic, entre Bekann
et Gadent, et annexé au XVᵉ siècle (1452) à la manse
capitulaire par un évêque de Vannes, Yves de Pontsal.
On y arrive bientôt, après avoir laissé sur la droite de
nombreux déblais, indiquant d'importantes exploitations de minerais de fer, et sur la gauche le château
de la Souallaie.

L'église paroissiale de Béganne, sous le vocable de
Saint-Herméland, remonte à diverses époques. Dans le
bras nord du transept, on remarque, au-dessous d'une
grande baie ogivale du XVᵉ siècle, sans meneaux, mais
à voussure ornée, sur l'intrados de l'arc formeret, d'une
élégante guirlande de pampre avec raisins, un tombeau
engagé dans le mur, sous une arcade en plein cintre,
surmontée de crosses et fleurons s'épanouissant au
sommet en feuillages frisés. La dalle tumulaire ne
présente aucune inscription; mais deux écussons placés

au-dessus, l'un carré, l'autre en losange, semblent indiquer qu'on a déposé dans cet enfeu le mari et la femme. Derrière le maître-autel, une grande fenêtre ogive est masquée par une descente de croix. Le reste de l'église, avec ses trois nefs séparées par cinq travées d'arcades en plein cintre retombant sur lourdes colonnes cylindriques, n'offre rien d'intéressant. Mais on peut voir dans le bas de l'église des fonts à douze pans en granit, et dans la cour du presbytère un cercueil rétréci aux pieds, de 2 mètres de longueur. Dans le cimetière, qu'on déplace en ce moment, on trouve les dalles tumulaires d'anciens recteurs près de vieilles croix de pierres avec christs fort grossiers.

Le bourg lui-même, avec ses maisons renaissance à ouvertures surmontées de frontons semi-circulaires et avec ses portes en accolade, offre un certain air d'antiquité. Peut-être, s'il est vrai qu'on ait exhumé du cimetière des briques à crochets, occuperait-il l'emplacement d'une station romaine. Cayot-Delandre parle aussi de ruines romaines découvertes sur la lande de Maunys, auprès du presbytère.

Nous avons même trouvé dans la commune, et au sud-ouest du bourg, des monuments mégalithiques. Ils sont situés sur la rive de la Vilaine, sur une langue de terre assez escarpée, près d'un village qui porte le nom significatif de village du *Peulvan*. Ils consistent en quelques menhirs isolés, restes sans doute d'un cromlech détruit, et en un dolmen à la base d'un tumulus circulaire d'environ 25 mètres de diamètre. — Le dolmen est fort petit (2 mètres de longueur sur 1 mètre 30 de largeur) et sa table a disparu il y a deux ou trois ans, emportée par un paysan pour faire une pierre de foyer. Sans doute, ces monuments celtiques ne sont pas les seuls que possède la commune de Béganne. Les bords de la Vilaine ont dû être occupés de fort bonne heure, et il nous semble qu'on devrait retrouver sur la rive droite de la Vilaine des pierres druidiques analogues à celles que M. Geffray a découvertes sur la rive gauche, dans la commune de Nivillac.

Quelques kilomètres au-delà de Béganne, après avoir traversé les défrichements et les plantations du Hellec dont le vieux manoir se cache sous ses belles futaies, on atteint les bords d'une charmante vallée. C'est près de là, à deux cents mètres au midi du chemin, que s'élève le château de l'Etier, ancien rendez-vous de chasse, dont l'architecture rappelle celle du manoir de Sourdéac, en Glénac, bâti comme lui par les sires de Rieux, dans le même but, et sans doute à la même époque. Le château de l'Etier, habité autrefois, dit la légende locale, par des moines noirs, qui reviennent encore dans les salles basses, est un vaste bâtiment en grand et moyen appareil flanqué à l'angle nord-ouest d'une tourelle à encorbellement, et sur sa façade méridionale, dans un angle formé par une aile en retour, d'une tourelle octogone à cinq étages, couverte d'un toit d'ardoises à pans coupés. Près d'elle s'ouvre une porte en accolade, inscrite dans des voussures ogivales supportées par des colonnettes engagées. Les fenêtres, à linteaux en anse de panier, sont, pour la plupart, partagées par des meneaux en croix, et les plus élevées, à la naissance du toit, sont surmontées de frontons très-aigus avec ornements et choux au sommet.

Après avoir traversé, au pont de l'Etier, dans un site très-pittoresque, un affluent de la Vilaine, on entre dans 'a commune de Péaule, et l'on gravit une pente

abrupte, du sommet de laquelle on jouit d'une charmante perspective vers le nord, sur les côteaux où
s'élèvent les bourgs de Caden et Limerzel. Après avoir
laissé sur la droite dans les bois un joli manoir à tourelle polygonale, le Coasquel, propriété en 1500 de
Jeanne de Coasquel, veuve de Jean, bâtard de Rieux,
puis les moulins à vent de Péaule, où se trouvent des
scories d'anciennes forges à bras près d'une croix de
granit avec un grand christ, on descend vers le bourg,
dont la flèche aiguë s'élève au milieu des châtaigniers
du Doyenné.

Bien que chef-lieu, au moyen-âge, d'un important
doyenné, le bourg de Péaule ne possède, en fait d'antiquités, que quelques maisons avec portes en accolade ou anse de panier, frontons sur les fenêtres, un
presbytère flanqué d'une tourelle polygonale, avec baies
renaissance, et entouré d'un mur d'enclos avec créneaux, et sur la route de Marzan, un linteau de porte
en accolade chargé d'ornements et de salamandres.
L'église paroissiale, dédiée autrefois à Saint-Gaudens,
et maintenant à la Vierge (Assomption), est toute moderne et sans intérêt, malgré les anges adorateurs demi-
nus et d'un travail passable qui ornent son autel, et
son orgue supporté par des colonnes en bois avec
soubassement, tore au lieu de chapiteau, entablement
et balustrade à colonnettes dorées, formant des compartiments ogifs. La commune elle-même, malgré
quelques débris celtiques ou romains aux villages des
Châteaux et de Botquignac et la chapelle gothique du
Temple, ancienne commanderie, ne présente aucun
monument remarquable.

Nous n'en dirons pas autant d'une paroisse toute
voisine de Péaule, sur la route de Muzillac, à 3 kilo-

mètres, celle du Guerno. L'église de ce petit bourg, construite vers 1570, sur l'emplacement d'une chapelle de Templiers, est un édifice assez régulier, précédé en avant du portail principal à plein cintre, d'un porche à larges arcades, sous lequel passe la voie publique, terminé par une abside en hémicycle avec trois baies plein cintre ornées d'intéressants vitraux représentant les scènes de la Passion, percé, sur la façade sud, jadis éclairée seulement par des œils-de-bœuf elliptiques et maintenant par de grandes fenêtres modernes, d'une chaire extérieure saillante en pierres, terminée inférieurement en cul-de-lampe et appliquée sur la maçonnerie comme un nid d'hirondelle. Le prédicateur y accédait de l'intérieur par une porte pratiquée dans le mur. — Au nord, une tour cylindrique, en grand appareil, comme tout le reste de l'édifice, accolée au mur de l'église, se termine en poivrière par une toiture conique en pierres, cerclée çà et là de larges plates-bandes. Dans le cimetière, près de cette originale construction, s'élève un calvaire porté sur une belle colonne de granit à cannelures et chapiteau corinthien.

En sortant de Péaule, la route de la Roche-Bernard prend brusquement une direction sud-est près d'une petite chapelle sans intérêt et, après avoir franchi de longues landes et une jolie vallée couronnée par une habitation moderne au milieu des bois, atteint le bourg communal de Marzan, cité sous le nom de Marzin dans le cartulaire de Redon, au XIe siècle, en même temps que Béganne, et antérieurement dans une donation du 15 janvier 895. D'après ce dernier acte, fort intéressant, un habitant de Marzan, du nom de Kouric, désirant faire recevoir son jeune fils comme moine à l'abbaye de Redon, fut appelé au château de Rieux (*castellum Reus*), où se trouvait l'abbé Bernhard et l'évêque Bili, chez le duc Alain. Le jeune homme ayant été admis et conduit par sa mère Morliwet au monastère, le père, Keuric, donna à l'abbaye la terre de Rancornou, sise au village de Priel, en Marzan, avec un serf attaché à ce domaine, du nom de Gleumonoc. La charte donne le revenu annuel de cette propriété et par là même des renseignements curieux sur la valeur des biens il y a dix siècles. La terre de Rancornou donnait de revenu annuel un porc valant six deniers, un plus petit (*porcellum*) de deux deniers, un bélier valant quatre deniers, quinze pains, quinze deniers, trois muids d'avoine, un muid et un setier de froment mesure *foulée* et huit setiers de seigle.

En tenant compte de l'augmentation de valeur des monnaies, ces prix de 895 ne sont que de fort peu inférieurs aux nôtres en 1869. En effet, si, comme M. Guérard l'a prouvé, le sou du IXe siècle vaut 40 fr. 50 cent., le bélier de la charte est estimé 13 fr. 50, chiffres que ne dépassent pas de beaucoup les prix moyens donnés pour la race ovine par les statistiques du Morbihan. Malgré les débouchés ouverts aux ventes faciles, malgré les machines puissantes venues de nos jours au secours des bras fatigués du laboureur, le domaine de Keuric, si bien cultivé il y a dix siècles, est peut-être aujourd'hui lande inculte, comme tous ces champs dont les sillons abandonnés se cachent sous nos bruyères ; c'est qu'au temps passé, l'agriculture a bien souffert, quand des guerres continuelles et d'effrayantes épidémies, qui en étaient la conséquence, lui enlevaient tous les bras dont elle disposait, remplaçant dans la main de tout homme la charrue du laboureur par l'épée du soldat.

De nos jours même, dans cette partie du Morbihan, malgré les bons exemples de riches propriétaires, malgré les voies ouvertes à l'exportation des produits du sol, à l'importation des engrais actifs et des calcaires, les défrichements ne marchent qu'avec lenteur; et cela s'explique. Le paysan de Marzan, comme son voisin de Péaule ou de Béganne, eût-il la force manuelle, manque souvent du capital et presque toujours de l'éducation première, d'où naissent l'esprit d'initiative, la lutte, la difficulté vaincue. Il n'a pas ce que ses fils auront sans doute, grâce au progrès moderne, à côté de l'argent qui exécute, l'intelligence qui crée. Venu trop tôt dans un siècle vieilli, il n'a pas trouvé dans son jeune âge, entre l'Eglise où l'homme se rapproche de Dieu et la halle où l'homme se rapproche de l'homme, le monument où l'on apprend à prier et à vivre, l'école où l'enfant devient homme, et qui dans son bourg de Marzan, s'élève aujourd'hui entre sa halle déserte et son église du moyen-âge.

Ce dernier édifice, remanié à diverses époques et même de nos jours, s'élève au milieu du bourg, dans le cimetière où l'on entre par deux grandes arcades en plein cintre près d'ifs antiques et de vieilles tombes aux écussons presque indéchiffrables comme celui qu'on voit au-dessus de la porte principale. Un clocher s'élève sur l'intertransept, et dans les bras de la croisée on peut remarquer des arcades en plein cintre retombant sur pieds droits chargés, sur leurs angles épannelés, de têtes grossières, ou sur des colonnes trapues, portant sur leurs tailloirs massifs des ornements enroulés et les lettres IHS, MRA. — Dans le chœur, l'époque de transition s'annonce par les arcs ogifs, par le chevet droit percés d'une large baie, dont lés meneaux en pierre forment des trilobes, des quatre feuilles encadrant des débris d'anciens vitraux. Des dalles tumulaires forment pavé, et la voûte en bois, peinte en bleu, semée d'étoiles blanches, tombe sur des figures grimaçantes saillantes en consoles le long des sablières.

Au sud de l'église, sur la route de la Roche-Bernard, une maison porte sur son linteau de granit deux bœufs grossièrement fouillés. Bientôt on atteint une colline élevée, de laquelle on domine tout le pays. Au nord, se dresse le beau château de Marzan, et devant lui le village de Kerjean, où, suivant Cayot-Délandre, de nombreux cercueils de pierre affleurent le sol et font penser que ce lieu était un cimetière public. Enfin, au midi, le château de l'Isle semble encore commander le gué où passait la voie romaine de Blain à Vannes par la Bretèche et Arzal. Aujourd'hui ruiné, ce vieux manoir semble encore, dans son isolement, s'enorgueillir d'avoir vu mourir dans ses salles deux ducs de Bretagne : en 1286, Jean I, inhumé à Prières ; en 1312, Arthur II, déposé aux Carmes de Ploërmel, et d'avoir appartenu, jusqu'à la révolution, aux puissants moines de Prières, possesseurs de l'hôtellerie et du passage de l'Isle, d'après lettres de 1590 du roi de France Charles VIII.

Deux kilomètres au-delà de Marzan, la route de la Roche-Bernard, assez tristement tracée jusque-là sur un plateau, débouche sur le magnifique pont suspendu de la Roche, dans un admirable paysage souvent décrit et toujours admiré.

Ce pont, œuvre magistrale de l'ingénieur Leblanc, a été construit de 1836 à 1839 pour remplacer le bac dangereux qui venait à ce point couper la route de Nantes à Audierne. Il se compose d'une seule travée de 197 mètres de portée entre les portiques, réliée aux deux rives de chaque côté par trois arcades en plein cintre ayant chacune dix mètres d'ouverture. Le tablier, large de 7 mètres, est élevé de 33 mètres au-dessus des plus hautes marées, et permet ainsi aux navires, même d'un assez fort tonnage, de remonter la Vilaine.

La petite ville de la Roche-Bernard doit son origine à un seigneur, sans doute Normand d'origine, du nom de Bernard, qui, vers le commencement du XIe siècle, vint établir un château-fort sur les bords de la Vilaine. Riwallon, l'un des fils de ce Bernard, réussit à venger la mort de son père, tué, ce semble, par des voisins jaloux, et ayant succombé lui-même, laissa à son frère Simon le château de la Roche, *Castellum de Rupe.* Simon figure dans plusieurs actes du Cartulaire de Redon, d'abord comme donateur d'une terre de Camarel, à la réserve de la dîme due à l'église Saint-Gaudens de Gavelo (probablement Péaule), sur le bord de la Vilaine, puis en 1026, comme fondateur, sur sa propre terre de Lampridic, de l'abbaye de Saint-Gildas-des-Bois, pour l'abbé Hélogon. La même année, il fut témoin de la ratification faite par Alain III de la donation de Belle-Ile faite antérieurement aux moines par Geoffroy I, fils de Conan-le-Tors, tué par les Angevins à Conquereuil. Le fils de Simon, nommé comme son aïeul Bernard, continua envers l'église les largesses de son père. En 1095, il signa comme témoin l'abandon à l'abbaye Saint-Sauveur de plusieurs métairies offertes, en échange de l'habit de saint Benoît, par un chevalier nommé Presel, et lui-même, vers la même époque, enflammé, dit la charte, de l'amour de

Dieu, vint à Redon offrir à l'autel Saint-Sauveur l'un de ses fils comme une *hostie* vivante, et donna à cette occasion, aux moines de Redon, en présence de Rodald, abbé de Saint-Gildas-des-Bois, une terre située dans la paroisse de Saint-Deloc ou Dolay. Dans cette même charte, trois de ses fils, Simon, Daniel et Conan, donnent leur consentement à ces donations, les augmentent par leur libéralité. L'un d'eux, Simon, paraît encore en 1112 dans la cession faite à l'abbé Hervé de domaines en *Penkerac* et *Guerran* (Piriac et Guérande) par le comte Alain, fils d'Hoel, dangereusement malade à Redon, dans la maison d'un nommé Barbotin Blanches-Lèvres (*Barbotinus Albæ-Gulæ*).

Ces trois frères étant morts, disent quelques historiens, sans postérité mâle, une fille de leur maison porta leur seigneurie de la Roche, par alliance, à Joscelin, mentionné dans un acte de 1116 comme seigneur de la Roche. Dans le XIIᵉ siècle, on voit encore, en 1131, un Riwallon de la Roche; en 1149, un Eudon de la Roche; dans le XIIIᵉ siècle, en 1218, un Alain, puis en 1239, un Joscelin II, petit-fils de Joscelin I, partant pour la croisade avec Mauclerc; enfin, en 1285, Alain de la Roche. Dans la reconnaissance de 1294, Eon de la Roche reconnaît « qu'il doit trois chevaliers d'Ost, desquelz monsor Thebault de Rochefort doigt ung chevalier et demy pour royson de la terre d'Acerac et le seignor de la Roche parfet l'aultre et demy. » D. Morice (I, 178) donne le contre-scel de cet Eon (1298), et ses armes, adoptées par la ville de la Roche : *d'or à l'aigle à deux têtes éployée de sable, armée et becquée de gueules.*

La branche directe des seigneurs de la Roche s'éteignit en 1347, dans la personne de Péan ou Payen, seigneur de Lohéac, tué en combattant pour Blois contre Montfort, au siége de la Roche-Derrien. La seigneurie passa ensuite, par mariages, successivement dans la maison de Laval, au XIVe siècle, par Isabeau de la Roché ; au XVe, dans la maison de Rieux, par Catherine de Laval ; enfin, au XVIe, dans la maison de Coligny, par Claude de Rieux, qui épousa, en 1547, François de Coligny, sieur d'Andelot, et fut inhumée, en 1561, dans la chapelle de l'hôpital de la Roche-Bernard.

François de Coligny, en venant s'établir en 1561, à son château de la Bretèche, près la Roche-Bernard, importa dans cette cité, au moyen-âge, trève de Nivillac, mais depuis 1614 érigée en communauté de ville, les idées de la Réforme. Il se fit accompagner d'un ministre protestant nommé Louveau, et au mois de juillet 1561, établit un prêche à la Roche. Bientôt le calvinisme se répandit en Bretagne, où il recruta de nombreux adhérents. La Roche-Bernard resta pendant les guerres de religion un des principaux boulevards du protestantisme. Dès 1563, il s'y établit un synode provincial, et cent ans plus tard, sous Louis XIV, au milieu du XVIIe siècle, la ville renfermait un très-grand nombre de calvinistes, réunis dans un seul quartier, dont toutes les maisons communiquaient entre elles.

En 1595, le duc de Mercœur avait fait construire un fort près de la ville, pour arrêter Juan d'Acquila dans sa marche sur Vannes.

Ce fut aussi dans le Petit-Port, près des ruines du château de Bernard, que fut construit, par l'ingénieur dieppois Morieu, le premier vaisseau français de 74 canons, la *Couronne*.

Dans une lettre du 11 mars 1689, Mme de Sévigné

raconte les honneurs rendus par le duc de Chaulnes, gouverneur de Bretagne, à Jacques II, roi d'Angleterre, et le séjour que ce roi détrôné fit à La Roche avant d'aller à Brest, où l'attendait un navire.

A cette époque, la seigneurie de la Roche, passée en 1642 de la maison de Lorraine, héritière des Coligny, aux mains de Charles du Cambout, avait été réunie (1663) à la baronnie de Pontchâteau, pour former le duché-pairie de Coislin. Enfin, à la Révolution, elle appartenait à la famille de Bois-Gelin.

En 1793, un décret de la Convention ordonna que la Roche-Bernard porterait le nom de la Roche-Sauveur, en l'honneur d'un héroïque jeune homme martyr de son dévouement pour le pays. Ce nom n'a pas duré longtemps, mais le souvenir de l'acte qui l'avait motivé vit encore, et nous en avons recueilli le récit de la bouche d'un témoin oculaire, bien jeune alors, mais vivement frappé par cet événement. Nous le transcrivons ici sans y rien changer et tel que nous l'avons écrit sous la dictée de ce respectable vieillard.

« .... Le chef du district était alors Sauveur, jeune homme plein d'ardeur et de mérite. Une compagnie formait la garnison. Un matin le tambour de la compagnie et le tambour de la ville battent la générale. Ils engagent les habitants à se joindre à la garnison pour repousser 5,000 *brigands* (c'est ainsi qu'on appelait les blancs) qui se dirigeaient vers la Roche.

Ceux-ci arrivent et rencontrent le tambour de la garnison, un enfant de seize ans, qui avait quitté le collége pour s'engager. Ils le saisissent par les pieds, lui frappent la tête contre un mur et le rejettent sur la rue. Voyant qu'il *gigotait* encore, ils recommencent et le laissent pour mort. Il échappa par miracle à ce traitement barbare, et je le retrouvai en 1815 officier en demi-solde.

Arrivés dans l'intérieur de la ville, les royalistes firent passer un billet au commandant. Ils lui écrivaient que tenter de se défendre était un acte de courage inutile, attendu qu'ils étaient 5,000 et qu'on pourrait tout au plus leur opposer 200 hommes. Dans l'intérêt des habitants, on capitula donc.

Par malheur, à ce moment même, un coup de feu partit tout seul, sans blesser personne. « Trahison ! trahison ! » s'écrient les blancs, et ils se jettent sur leurs adversaires. Mon oncle de L. se trouvait au premier rang ; il enfonce son épée dans le ventre d'un brigand. Aussitôt il est accablé sous le nombre, percé de coups d'épée et de pistolets, et tombe à côté de celui qu'il avait tué. Un nommé D..., paysan des environs de Férel, voyant au mouvement de ses yeux (car le soleil donnait sur son visage) qu'il n'était pas mort, s'écrie : « Attends ! je vais te donner le coup de grâce, » et il lui décharge sur la poitrine un coup de ce bâton à masse dont un grand nombre de blancs était armé. Fort heureusement, mon oncle avait les bras croisés sur la poitrine, en sorte qu'elle ne fut pas brisée ; mais il eut le bras cassé.

Cependant les blancs s'étaient répandus dans la ville, après avoir jeté en prison Sauveur et du G.l..., un des principaux habitants du district. Une vingtaine d'entre eux étaient chez ma tante et on leur servait tout ce qu'ils désiraient. Tout-à-coup arrive D... qui s'écrie : « L... est mort ! C'est moi qui lui ai fait le coup de grâce : Vive le Roi ! » Ma tante était une femme de grand cœur ; elle maîtrisa un peu son émotion et ne dit rien ; mais je vis deux grosses larmes roulèr sur ses joues maternelles. Quant à moi, je ne pus empêcher mon indignation d'enfant de se faire jour et je m'écriai : « Non ! Vive la République ! » — D... se jette sur moi pour m'étrangler. Ma tante, qui avait appris la mort de son fils sans rien dire, pousse un cri. Les autres blancs se jettent entre D... et moi, en lui disant : « C'est un enfant (j'avais sept ans) il ne faut pas lui faire de mal. »

« Le lendemain, on fit sortir de prison Sauveur et du G... pour les fusiller. En passant près de l'église, du G..., qui était un homme robuste, voyant qu'il n'était entouré que de cinq ou six brigands, les renversé à coups de pöings et s'élance vers une maison. Il allait sans doute échapper à la mort si une domestique, qui était sur le seuil, n'eût, par frayeur, fermé brusquément la porte. Il fut immédiatement fusillé contre le mur.

« On emmena Sauveur à travers les rues ; on le martyrisa de coups de baïonnettes et de crosses de fusils. Un habitant voulut faire des représentations à ses bourreaux ; on le menaça de lui en faire autant. Un ouvrier, debout sur sa porte, parut aussi s'intéresser à Sauveur, mais sa femme le tira par ses vêtements dans la maison, en lui disant : « Malheureux ! tu veux donc té faire tuer ! »

En passant devant le calvaire, les royalistes dirent à Sauveur : « à genoux et demande pardon à Dieu. » Sauveur, qui était très-pieux, se mit à genoux et pria. Maintenant, lui dit-on, crie ! « Vive le Roi ! » — « Vive la République ! » dit Sauveur, en se levant, et en baisant une médaille qu'il avait sur lui. — On lui tira un coup de pistolet dans la bouche, il

tomba sur les genoux : « De grâce, dit-il, achevez-moi. »
C'est là qu'il périt sous les coups de baïonnettes.

Mon oncle de L..., ne succomba pas à ses horribles blessures ; il avait dans le crâne des trous à mettre deux doigts : il fut trépané ; au bout de six semaines, il put rentrer chez lui avec le bras d'un ami et la première chose qu'il vit fut le cadavre de son meurtrier, D... « Cela vaut mieux ainsi, dit-il, car je n'aurais pu m'empêcher de lui envoyer une balle à la chasse. »

Voici ce qui était arrivé : une colonne mobile dont faisait partie B..., négociant à Rennes, mais originaire de la Roche, venait de parcourir le pays. En entrant dans une ferme, B... vit un paysan qui s'empressait d'ôter son chapeau et de le cacher sous un lit. « Tiens ! dit B... en le prenant, pourquoi cachez-vous votre chapeau ; il a pourtant quelque chose de bien joli, » et il montrait une cocarde blanche. — Ce paysan n'était autre que D... Arrêté, il fut conduit à la Roche avec deux autres qui s'étaient distingués comme lui par leur cruauté. Il y avait à la Roche un détachement de dragons arrivés de Lorient. Les trois royalistes furent jugés, condamnés à mort et eurent la tête tranchée sur l'affût d'un canon.

En dehors de ces souvenirs, de son pont suspendu, de sa situation pittoresque, la Roche-Bernard offre peu d'intérêt. Ses monuments religieux (l'église paroissiale et la chapelle Notre-Dame) sont sans caractère et sans style. C'est à peine si, dans la rue de l'Isle, il reste encore quelques vestiges du château féodal ; au bord de la Vilaine, les ruines du chantier Morieu ; dans les ruelles de la ville, quelques maisons des XVe et XVIe siècles. L'Hôtel-de-Ville a ses fenêtres en acco-

lade, ses pignons chargés d'ornements en crosses et
choux, et ses croisées à frontons triangulaires décorés.
En face de l'Hôtel-de-Ville et près des vieilles halles,
une maison en bois à pignon sur rue, surplombant
d'étage en étage, avec poteaux et moises chargés de
moulures, porte, en lettres gothiques, l'inscription :
Vive le Duc. Un autre logis, flanqué de pilastres
terminés en encorbellement au-dessous du premier
étage, présente à leur sommet des animaux fantastiques.

Malgré la petitesse de son port, la Roche-Bernard
est une ville de commerce ; c'est aussi un point central
d'où le touriste peut rayonner dans une banlieue riche
en curiosités intéressantes. La rivière est charmante
jusqu'à son embouchure, entre Billiers et Pénestin, et,
dans les terres, on peut visiter encore avec plaisir
Férel et sa belle verrière, Pénestin et ses sables stanni-
féro-aurifères, Herbignac et son manoir de Ranrouët,
Assérac et sa vieille église, Saint-Lyphard et son église
romane, Pompas et son retranchement gigantesque,
la Chapelle-des-Marais et ses dolmens, Bergon et ses
calcaires, la Brière enfin, — qui promet tant de découvertes fécondes et inattendues.

En suivant, pour rentrer à Redon, la route établie
par Saint-Dolay, sur la rive gauche de la Vilaine, on
entre bientôt dans la commune de Nivillac. Un peu plus
loin, vers la droite, aux bords de l'étang du Rodouer,
une importante minoterie a remplacé les forges abandonnées depuis longtemps déjà, — et le manoir de la
Grée, démoli en 1526, après avoir servi d'atelier à de
faux-monnayeurs. A gauche, le bourg propret de Nivillac se cache dans ses domaines et ses jardins bien
plantés. C'était jadis un important doyenné, et une

riche cure à l'ordinaire, dont dépendait comme souil-
lette la trève de la Roche-Bernard.

A trois kilomètres de Nivillac, à gauche de la route,
on peut voir sur la lande de Kerlleu de curieux
monuments mégalithiques découverts et signalés dans
un intéressant article adressé au *Courrier de Bretagne*
(21 septembre 1867) par M. P. Geffray, de Rioux. Ce
sont trois rangées de pierres fiches formant alignement
du nord au sud, et terminées à chaque extrémité par
un dolmen à demi-ruiné, orienté — comme tous les
autres — ouest-est. Non loin de là, se voient encore
les restes d'un cromlech, et, un kilomètre plus loin,
vers l'ouest, dans la ravissante vallée de Guernay, on
rencontre des rochers travaillés par la main des Druides.
Plus bas, sur les bords de la Vilaine, de Rôz à Kar-
riau, M. Geffray a encore découvert des pierres gravées
de diverses manières, et une grande statue de granit,
nommée dans le pays la *bonne femme de Carriau*, qui
aurait, dit ce savant archéologue, quelque analogie avec
la Vénus de Quinipily.

A côté de ces monuments primitifs, les beautés naturelles abondent. Dans un ravin sauvage, presque au
bord de la Vilaine, s'ouvre, près du village de Trévi-
gneu, la grotte du Rofo, signalée depuis longtemps
déjà et célèbre dans les légendes du pays. C'est une
grotte profonde d'environ 24^m, haute de 1^{m}70 en
moyenne, sur une largeur de 1^{m}50. Au fond de la
grotte, on voit une sorte d'abîme de 15 à 20 centimètres
d'ouverture qui est, dit M. Geffray, le sujet de plus
d'une histoire curieuse dans le pays. On conte (ce
qui sans doute est un conte) qu'une oie à demi-plumée
y ayant été précipitée, on la retrouva plus tard à
900 mètres plus loin, sur les flots de la Vilaine, et

qu'elle avait dû venir là par des canaux souterrains. »

En sortant de la commune de Nivillac, la route de Redon passe au nord de la chapelle gothique de Sainte-Anne et au sud des bois et du château du Plessix, manoir noble possédé en 1480 par Gilles Duguesclin, cousin du connétable. Elle atteint bientôt le gros bourg de Saint-Dolay, cité, dès le commencement du Xe siècle (1er août 916), dans la donation de Renkoit, sous le nom de Saint-Aelwod, devenu successivement au moyen-âge Thelwood, Saint-Theloo, Saint-Deloc et enfin Saint-Dolay. C'était autrefois la plus riche cure du comté nantais, puisqu'elle rapportait annuellement de 15 à 18,000 livres. L'église de Saint-Dolay, de style ogival, se visite avec intérêt.

Au-delà du bourg de Saint-Dolay, sur la gauche, s'élève la chapelle Saint-Lien, célèbre dans tout le pays par ses pèlerinages et ses foires annuelles. Autrefois entourée de grands châtaigniers, exploités il y a quelques années, elle semblait sur les crêtes schisteuses un oasis au milieu des landes. Auprès de la chapelle passe un chemin vicinal qui laissant à l'ouest le pittoresque étang du Rohe, encaissé dans ses rochers, descend au passage de Oraon, sur la Vilaine, mentionné dès le XIe siècle dans le Cartulaire de Redon.

Au-dessous de l'étang du Petit-Rocher, qui sert de limites aux départements du Morbihan et de la Loire-Inférieure et que la route franchit au coin du bois de Lezin, sur la chaussée du moulin, se voit encore au milieu des prairies et des bois, entouré de ses douves, le château, devenu métairie, de la Cour-de-Téhillac, presque complétement ruiné, possédé en 1369 par

Guillaume de Theillac, vendu en 1629 avec La Roche-Hervé et les dépendances par Balthazar Le Breton et Gabrielle de Theillac, pour 56,000 livres tournois et 20 pistoles d'or, à Jean Gabard et Bonne Guichardy, puis passé par mariage aux mains de la famille de Becdelièvre. Les seigneurs de Téhillac (dont l'église paroissiale conserve l'écusson de *gueules à trois croissants d'argent*) avaient fondé la chapelle de Saint-Pierre-du-Moutier, dépendante au moyen-âge de l'abbaye de Saint-Gildas-des-Bois, puis trève de la paroisse de Missillac, enfin aujourd'hui annexée au département du Morbihan. Cette église, de style gothique, et dernièrement ornée d'un joli clocher, contient une descente de croix assez vantée, et dans le chœur, deux pierres tombales, l'une du XVII° siècle, renfermant le corps d'un seigneur de Becdelièvre, l'autre plus ancienne, recouvrant, comme l'indique l'inscription gravée avec l'écusson sur la pierre, le corps de messire Jacques de Téhillac, chevalier, seigneur de Téhillac, Bodel, la Roche-Hervé et Beaumont, mort le 21 janvier 1545.

Du Petit-Rocher au bourg de Sévérac, il n'y a que 2 kilomètres. On peut, sans s'y arrêter, traverser ce bourg naguère doté d'une église et dénué d'intérêt. Le château qui l'avoisine était possédé dès le XVI° siècle par la famille de Talhouët, qui a donné deux gouverneurs à Redon, François, et Louis, son fils. On traverse ensuite le chemin de fer pour rejoindre, auprès du village de la Normandaie, la route de Saint-Gildas à Redon, par laquelle on rentre, en passant par Pontminy, Fégréac et Saint-Nicolas.

DOUZIÈME EXCURSION.

RIEUX

En voiture, mieux à pied : Aucfer, Chapelle Saint-Aignan, Rieux (6 kilomètres de Redon); — Butte Saint-Jacques, La Touche-Saint-Joseph.

La chaussée d'Aucfer (ou mieux du Quefer) que l'on prend en sortant de Redon, et sur laquelle passe aujourd'hui la route départementale n° 4 (de Redon à Vannes), existait sans doute au IX° siècle, quand S. Convoïon vint, avec ses disciples, s'établir sur les bords de la Vilaine. Construite peut-être à l'époque romaine, elle doit être un tronçon de cette voie qui, par Beaumont et la Bataille, en Bains, se dirigeait de Rieux vers Rennes ou Corseul.

A l'extrémité de cette chaussée et à l'entrée du pont, une croix de granit, chargée d'un Christ presque entièrement fruste et presque enfouie sous le remblai de la route, rappelle le traité conclu en ce lieu en 1395 entre le duc Jean IV et Olivier de Clisson.

Le pont est moderne; il a remplacé vers 1830 un ancien bac qui, dès le moyen-âge, suivant aveux de 1407 et 1504, avait été affagé aux habitants du Quefer pour une rente annuelle de quatre deniers payables aux sires de Rieux.

En 1542, ce passage, abandonné par les riverains, fut affermé aux mêmes conditions par le seigneur du Plessix-Limeur, en Rieux, et conservé par ses descendants jusqu'en 1670. En 1672, après un projet de construction d'un pont, malheureusement abandonné, il passa aux mains des moines de Rédon ; chaque année, le jour de Noël, à la messe de minuit, le fermier devait se rendre à l'église Saint-Sauveur, et les diacres, par trois fois, lui disant à voix haute : « Passager du Quefer, payez le droit que vous devez au seigneur, » il déposait sa redevance sur l'autel.

Il existait autrefois près du pont une chapelle dédiée à saint Julien ; mais il n'en reste plus de vestiges, et le village d'Aucfer ne peut plus offrir d'intéressant au touriste que la vue magnifique dont on jouit au sommet de l'ancienne côte. De cette hauteur, le regard plane sur le bassin de la Vilaine. On domine tout le cours supérieur du fleuve, le confluent à Goule-d'Eau de l'Oüst et de la Vilaine, et le canal de Nantes, qui disparaît au Rouge-de-Roz. Les collines de Saint-Perreux et de Bains vers le nord, en face Beaumont, abritant à ses pieds Redon et sa flèche grise, les coteaux de Saint-Nicolas, couronnés par le joli château moderne de Cavardin, au fond Fégréac et son église neuve, Rieux et ses vieilles ruines encadrent le vaste bassin, inondé d'hiver et roulant ses vagues comme une mer, l'été transformé en riche pâturage, animé par les troupeaux qui paissent au bord de la rivière et par les voiles blanches des navires qui passent au milieu des prairies.

Mais pour se rendre à Rieux, il faut redescendre et prendre au sud, soit la route moderne rectifiée, soit le chemin creux qui servait de lit à la voie romaine et qui, raviné par les eaux, s'enfonce dans les terres cultivées.

Bientôt, à l'entrée du chemin vicinal de Rieux, sur la route de Vannes, on rencontre l'établissement de

Feridor, fondé en 1867 par les Pères Eudistes, sur le ruisseau de la Bousselaie, pour donner à leurs élèves le plaisir du bain et de la promenade.

Quelques cents mètres plus loin, au village du Val, on trouve une chapelle moderne dédiée à saint Aignan et bâtie sur l'emplacement d'un autre édifice religieux détruit à l'époque révolutionnaire. Rectangulaire et à une seule nef, cette chapelle ne renferme qu'un autel renaissance de mauvais goût, et de chaque côté, sur des colonnes en bois amincies à chaque extrémité, les statues fort grossières de la Vierge et de saint Aignan. Un lourd pilier de granit, — peut-être une ancienne borne romaine, — est creusé à son sommet pour servir de bénitier.

Tout près de la chapelle, au sud, se voit une croix de pierre, assez mal taillée, avec un christ, et sur chaque face au bas du fût, un ange ailes éployées qui semble soutenir un écusson fruste.

De là, le chemin, — suivant toujours l'agger romain, — laisse à gauche la propriété de la Courberie, et après un parcours d'environ un kilomètre, monte à Rieux, près des ruines du château.

D'après quelques géographes suivis par d'Anville, et d'après M. Bizeul, le bourg — ou pour parler comme ses habitants, fiers encore de leur importance passée, — la *ville* de Rieux serait l'antique station de Duretie, reportée naguères par un savant antiquaire vannetais, M. de Closmadeuc, au Gué-de-l'Isle, en Marzan. Quoi qu'il en soit, un fait incontesté et incontestable, c'est que ce point fut occupé par les Romains. Certains champs sont remplis de briques à rebord, et dans des jardins, appelés d'un nom significatif *les arènes* et situés au nord de la rue principale, un jeune archéologue, qui, mettant à profit son séjour dans la localité comme instituteur communal, a étudié avec fruit les environs et nous a communiqué des notes intéressantes. M. Geffray, nous a fait voir des pans de mur en ciment et petit appareil. Des objets en bronze ont été découverts ; la bêche rencontre à chaque pas des ruines, et on peut facilement suivre une voie romaine qui venant de Vannes, par le Petit-Molac, Allaire et l'ancienne forêt de Rieux, traverse le bourg communal se raccorde près du château avec la voie montant d'Auefer, et laissant à gauche le château, descend en pente douce vers la Vilaine.

Il est probable qu'au-dessus du passage, sur le monticule où s'éleva plus tard la forteresse d'Allain Re-Bras, il existait un poste romain et que le *Castellum Reus* du Cartulaire de Redon remplaça un ancien *Oppidum*. Cependant, sur ce point, du peuple conquérant, nul vestige ; le manoir féodal lui-même laissé bien peu de traces. Démantelé par la duchesse Anne après la rébellion de Jean de Rieux, battu en brèche sous Charles VIII, miné par Richelieu qui convoqua, pour le faire sauter, vingt-sept paroisses il conservait encore au siècle dernier de grands pans de murs et le donjon, penché sous tant d'assauts. Le tremblement de terre de 1799 a achevé l'œuvre de destruction. Aujourd'hui, sous les arbres d'un jardin anglais moderne, quelques blocs énormes, quelques murailles écroulées, une porte ruinée et veuve de son pont-levis, des fossés remplis de broussailles, voilà tout ce qui reste du haut et puissant château.

Ce n'est pas à ces débris informes, c'est à l'histoire qu'il faut demander le souvenir de l'illustre famille de Rieux. Le premier de cette maison, Alain-le-Grand, se

fixa sur les bords de la Vilaine. C'est de Rieux qu'en
891 il partit avec Judicael pour repousser les invasions
normandes, et c'est à Rieux qu'en 907 Il revint mourir.
Lorsqu'après sa mort son comté de Vannes eut été
réuni au duché de Bretagne, ce fut Rieux qui resta
l'apanage de ses descendants. Ils y demeurèrent, et,
dans le Cartulaire de l'abbaye Saint-Sauveur de Redon,
on les trouve fréquemment cités comme témoins des
donations faites aux moines. C'est d'abord, en 1021,
dans la confirmation des priviléges du monastère, Ro-
daldus de Reus ; en 1026, Durcius de Reus dans la
donation de Belle-Isle-en-Mer, et en 1037, Alanus de
Reus, dans la cession de l'île de Goal, faite par le
Normand Gurki à l'abbé Catwallon ; en 1062, Rodald et
en 1065 Auffredus, tous deux fils d'Alain ; en 1066,
Guethenoc de Reus, le Mauvoisin (*Malus vicinus*),
paraissent encore comme témoins dans les chartes. En
1064, un Alan de Rieux assiége dans Combourg, avec
le duc Conan II, Riwallon de Dol, l'allié de Guillaume
le Bâtard, duc de Normandie. En 1089, Goscelin assiste au procès des moines contre les chapelains du
comte, et son fils Thibault est cité en 1101 dans un
acte passé au château de Lohéac. L'année suivante,
Guethenocus de Rox, accompagné, dit la charte, d'une
nombreuse suite de chevaliers, approuve comme témoin la donation faite par Conan III ur l'entretien de
son père, Alain Fergent, et plus tard, en 1127, assiste
à la réconciliation de l'église Saint-Sauveur, souillée
quelque temps avant par Ollivier, baron de Pontchateau. Roland de Rieux prend part à la première croisade et ramène de Palestine des religieux trinitaires
qu'il établit dans son château de Rieux. En 1203, Guillaume de Rieux combat au fait d'armes du Mont Saint-

Michel, après le meurtre d'Arthur. C'est encore un Guillaume de Rieux qui, en 1281, mineur et sous la tutelle des sires de Noyé, Derval et Lohéac, s'engage à réparer le pont de Rieux au-dessous du château, et malgré cette promesse faite « le jor de lundi après la conversion de saint Paul », refuse de s'exécuter, et assigné par l'abbé de Redon, Jean de Gulpry, et les bourgeois de la ville, devant la cour de Ploërmel, obtient en 1289 de ne contribuer que pour la moitié seulement « au réparement ou l'amendement dudict pont ou en la façzon d'une porte appelée communément Redonnense, ou pont levis à laisser passer les vaisseaux. »

Dans ces interminables guerres du moyen-âge, nous retrouvons presque toujours l'épée d'un Rieux pour défendre le drapeau de France. L'un d'eux combattait à Bouvines, un autre en Terre-Sainte avec saint Louis; un autre, Jean I de Rieux, fils de ce Guillaume, l'antagoniste des Redonnais, après avoir aidé puissamment Philippe de Valois dans la guerre de Gascogne, fut nommé, en 1350, capitaine du château de Redon, à la charge d'entretenir vingt-neuf hommes d'armes et trente archers. Dans la lutte entre Blois et Montfort, il prit parti pour Charles de Blois, ainsi que son frère, Guillaume II, tué au combat de la Roche-Derrien en 1347, et son fils, Guillaume III, frappé mortellement près de son maître à la sanglante journée d'Auray. Un autre de ses fils, Jean II, maréchal de France, combattit vaillamment dans les Flandres et devint célèbre en conduisant, en 1405, avec le Borgne de la Heuse et Renaud d'Hangest, une expédition contre l'Angleterre. Il mourut en 1417 et fut inhumé dans l'église de la Tronchaie, à Rochefort, dont il avait acquis le château du chef de sa femme, Jeanne d'Ancenis.

Son fils Pierre devait porter au plus haut point l'illustration militaire de sa famille. Maréchal de France à vingt-huit ans, il défendait, en 1418, le Dauphin contre la faction bourguignonne; puis, continuant contre les Anglais la lutte si vaillamment commencée par son père, il seconda puissamment le roi à Lamballe, Tours, Rouen, et Jeanne d'Arc au siège d'Orléans. Tombé entre les mains de ses ennemis, traîné par Guillaume de Flavy pendant deux ans de cachot en cachot, il succomba à Nesle et fut inhumé, en 1514, dans l'église de N.-D. de Rieux, où reposaient déjà son frère aîné, Jean III, baron d'Ancenis, vicomte de Donges, et son neveu François, fils de Jean III, conseiller et chambellan de François I de Bretagne, qui avait assisté au traité d'alliance signé à Rennes en 1448 contre l'Angleterre, par la Bretagne et la France, et aux Etats de Vannes en 1451.

Le fils de François, Jean IV de Rieux, comte d'Harcourt, fut à la fois un homme de guerre et un homme d'Etat. Nous ne raconterons pas sa vie aventureuse comme maréchal et lieutenant-général des armées du duc François II, sa nomination comme tuteur, puis sa rébellion comme ennemi jaloux de la duchesse Anne qu'il avait reçue dans son château de Rieux du mois de septembre 1488 au mois de février 1489 et qu'il combattit ensuite avec acharnement; ses guerres dans le Roussillon avec Charles VIII et dans le Milanais avec Louis XII; enfin sa mort en 1518; l'extinction avec son fils Claude de la branche directe, et la division de sa maison en branches d'Assérac, de Sourdéac (V. Excurs. à la Gacilly) et de Châteauneuf.

La famille de Rieux avait sous le maréchal Jean IV atteint l'apogée de sa puissance : alliée aux Rochefort, aux Ancenis, aux Montauban, aux Rohan, elle pouvait avec fierté, — au-dessous de son écusson d'azur à neuf besans d'or, — inscrire sa vieille devise :

A tout heurt Rieux.

A partir de cette époque, elle ne fit plus que décliner ; les branches cadettes s'éteignirent comme la branche aînée, et le dernier des Rieux, pris à Quibéron en 1795, vint tomber sous les balles françaises dans les champs d'Auray, déjà rougis du sang d'un de ses vaillants ancêtres, Guillaume, l'ami fidèle de Charles de Blois.

Il semble que la ville de Rieux ait voulu suivre jusqu'au bout la fortune de ses maîtres. Sa vieille rue, animée aux premiers siècles par le passage des légions romaines et au moyen-âge par les cortèges de chevaliers, est aujourd'hui triste et désolée. Sa halle seigneuriale, encore remarquable par sa belle charpente, et sous laquelle une pierre venue on ne sait d'où et formant aujourd'hui linteau, porte en lettres gothiques le nom d'une ancienne famille du pays ; *Bholido*, est déserte. Son église paroissiale, dédiée à saint Melaine, bâtie par les religeux, puis restaurée en 1668 comme l'indique la date inscrite sur le porche sud, irrégulière dans son plan, et composée d'une nef, et de chaque côté, de deux chapelles reliées au vaisseau par des arcades en ogive, n'a plus à montrer au visiteur que son transept sud avec entraits mordus par des gueules de crocodiles, et ses deux autels latéraux surmontés de triptiques représentant l'un (celui du nord) trois saintes avec leurs noms sous chacune d'elles : sainte Juliitte, sainte Apolline, sainte Emérance ; l'autre (celui du sud) trois saints avec la légende : saint François, saint Estienne, saint Anthoine.

Au midi de l'église, le cimetière déroule sous de grands arbres ses sillons couverts de gazon, et tout près, la maison presbytériale semble veiller sur les tombes. Mais de la Léproserie, située à un kilomètre ouest du bourg, sur la voie de Rieux à Vannes, il ne reste rien ; on ne retrouve même plus le couvent des religieux Trinitaires, qui ramenés, comme nous l'avons dit, à la fin du XII° siècle, de Palestine, par Róland de Rieux, et enrichis un siècle plus tard, par Anne de Rieux, de rentes et d'une chapelle garnie, *capella munita*, obtinrent en 1345, de Jean I, une chapelle et des bâtiments claustraux, et en 1416, de Jean II, de nombreux revenus, à la charge de se reconnaître vassaux du seigneur, de lui présenter chaque année une paire de gants blancs, et de lui accorder deux voix dans leurs assemblées pour l'élection des ministres.

Le reste de la commune n'offre rien d'intéressant : nous citerons seulement, vers l'ouest, une chapelle S. Sébastien, sans intérêt archéologique, et, beaucoup plus près du chef-lieu communal, la butte du moulin de Saint-Léger, où abondent les briques romaines.

Il faut descendre à la Vilaine en suivant la voie de Rieux à Blain et traverser le passage. Chemin faisant, le passager pourra vous montrer les pilotis de l'ancien pont, les vieux quais du port. Il vous fera voir la place où, sous le château, s'abritaient les navires de guerre : car Rieux était un port important, dit la légende : ses habitants, — longtemps avant ceux de Redon, — se livraient au commerce maritime; leur ville s'étendait non seulement sur l'emplacement occupé par la *ville* actuelle, mais encore sur la rive gauche du fleuve, reliée à la rive droite par un pont levé à la pleine mer, pour le passage des navires. S'il n'en est plus ainsi, si Redon, — que nous voyons là-bas tranquillement assis au bord de son bassin, — a dévoré sa voisine, la faute en est aux habitants de Rieux, à leur mépris des choses saintes et de l'hospitalité. En effet, il y a bien longtemps, — *dix siècles*, dit Ogée, — un bateau portant un enfant presque nu vint, avec la marée, aborder au-dessous du château. Repoussé par d'inhumaines laveuses, il remonta jusqu'au village de Redon, où l'enfant, accueilli, réchauffé et vêtu par de compatissantes femmes, se fit connaître pour le Sauveur du monde, et porta cette malédiction : «Chacun sera récompensé suivant ses œuvres, et tandis que Redon prospérera, Rieux déclinera. Rieux s'appauvrira tous les jours d'un sou et tous les jours Redon s'enrichira d'un sou.»

Une seconde légende rapportée par M. F. Le Doux dans son étude sur Rieux, publiée par la Société des lettres et sciences de Redon, se rattache plus spécialement à la fondation de la chapelle Saint-Jacques, ce petit édifice que l'on voit encore sur le bord de la voie, sur la rive gauche de la Vilaine. Saint Jacques remontant la rivière par cette bande d'écume que le mascaret laisse sur les eaux, à certaines époques de l'année, « voulut s'arrêter à Rieux. Repoussé par les Huguenots de cette ville, il s'écria : Rieux ville maudite, tu seras détruite. Cela dit, il continua sa route et alla fonder Redon. Les habitants de Rieux se repentirent et, pour apaiser le saint, lui consacrèrent une chapelle. »

Nous ne croyons pas, — n'en déplaise aux légen-

daires et aux traditions populaires, — que Rieux ait
eu autant d'importance qu'on lui en prête. D'ailleurs,
— sans qu'il soit besoin de chercher à sa ruine des
causes surnaturelles, — sa décadence s'explique facilement par la mauvaise position de son port exposé
presque sans abri au courant et aux vents, par le dé-
faut d'espace et de communications faciles, enfin par le
voisinage trop immédiat du château-fort. Une place de
guerre a des exigences que la marine marchande ne
saurait supporter, et nous pensons qu'il advint à Rieux
ce qui, de nos jours et sous nos yeux, se passe à Lorient et à Brest, où quoiqu'on en ait, le commerce, toujours coudoyé et refoulé par la marine militaire, ne
peut définitivement s'établir. Les seigneurs de Rieux
échouèrent comme nos ingénieurs modernes, et le
commerce vint se fixer pour toujours à Redon où, il
faut en convenir, la crosse des bénédictins était moins
lourde que l'épée des Rieux.

Près de la chapelle Saint-Jacques, on voit une pierre
dont la destination semble fort obscure, que ce soit un
menhir ou une borne romaine. Au-dessus, s'élève le
monticule où la légende place l'ancienne ville de Brou
et où quelques historiens voient l'emplacement d'un
ancien faubourg de Rieux. Les briques à crochets y
jonchent le sol; quelques pans de murs se cachent
encore sous les ronces. Les travaux du chemin de fer
de Nantes qui, dans une profonde tranchée, traverse la
colline, ont amené la découverte de fioles lacrymatoires,
et des fouilles faites en 1867 par la Société des lettres
et sciences ont mis à nu l'*Area* d'une maison romaine,
des morceaux d'enduit rougeâtre, des fragments de
poteries grossières et de vases travaillés, couleur de
cire d'Espagne, des clous en bronze, etc.

La voie romaine passe un peu au nord de la butte Saint-Jacques, franchit le chemin de fer, et par le village d'Hentrieux (Hent-rieux, chemin de Rieux) se dirige vicinalisée vers Fégréac et le pont de Flandres, où quelques antiquaires voient le *pons Flaminii.* Mais il faut tourner à gauche, près du village de la Rochelle, et visiter, près du manoir de la Touche, que son propriétaire M. N. de Barmont a fait connaître dans une intéressante notice publiée par la Société archéologique de Nantes, la chapelle Saint-Joseph, restaurée avec goût. Nous y avons remarqué sur l'autel une jolie mosaïque : proviendrait-elle des ruines romaines de la butte Saint-Jacques? Nous l'ignorons; mais nous ne saurions trop approuver l'idée d'avoir ainsi utilisé au profit du culte catholique un monument d'un autre âge.

Non loin de là, vers le nord-est, l'étang au Méo déploie sa large nappe d'eau, et au nord se montre, avec sa magnifique source jaillissante, la chapelle de Sainte-Anne-dé-Roz. Ce nom de Ros ou Roz qui, en breton, signifie tertre, était attribué autrefois à tout le pays, comme nous le voyons dans une des chartes de fondation de l'abbaye Saint-Sauveur. Il ne s'applique plus maintenant qu'à la chapelle et au monticule qui l'avoisine, le Rouge de Roz, vaste butte de schistes ferrugineux baignée par la Vilaine et traversée par le chemin de fer de Savenay à Châteaulin et le canal de Nantes à Brest. De ce point, le regard s'étend sur une vaste étendue de pays ; les clochers de Téhillac, Rieux, Saint-Jean-la-Poterie, Redon, Saint-Nicolas, Fégréac s'espacent au loin, et plus près on peut suivre le cours du fleuve roulant entre ses roseaux, les confluents de l'Isac et de l'Oult, l'écluse des Bellions et le canal, la

Vilaine, le chemin de fer courant, côte à côte, porter à Redon la prospérité industrielle et commerciale.

Un peu au nord de Ros se trouve le village de Quensignac (le Chenciniac du Cartulaire) cité dès le IXᵉ siècle pour une terre, voisine du village, que Catloiant donna à saint Conwoïon pour dot de son fils Ratwili, admis comme moine à l'abbaye.

Près de Quensignac s'élève le château de Cavardin, élégante habitation moderne récemment construite par M. Dayot.

Enfin, après avoir dépassé l'étang et le moulin de Cahas, on gagne Saint-Nicolas et la jolie promenade qui relie ce bourg à la ville de Redon.

TREIZIÈME EXCURSION.

SAINT-JACUT, ALLAIRE.

Par chemin de fer jusqu'à la station de Saint-Jacut ; retour en chemin de fer, ou mieux à pied : Station de Saint-Jacut (10 kilomètres de Redon) ; — Calléon, Saint-Jacut, le Bois-David, le Vaudegusp, Deil, Allaire (7 kilomètres de Redon) ; — Saint-Jean-la-Poterie.

En sortant de la gare de Redon, la voie ferrée franchit le canal de Brest, puis l'Oult, sur un pont en fer, et entre dans le département du Morbihan dont cette rivière, de son confluent à l'embouchure de l'Aff, forme la limite extrême. Après avoir traversé les marais de Saint-Perreux, dont le sol tourbeux et profondément mouvant a présenté de grands obstacles lors de la construction de la ligne, elle s'enfonce dans les coteaux de l'Abbaye. A droite du railway, de profonds affouillements d'où, en grande partie, sont sortis les matériaux de la chaussée, rappellent la découverte faite et vantée il y a quelques années, mais sans doute oubliée aujourd'hui, de pépites d'or, et la tentative vite avortée d'exploitation, tandis que les talus des tranchées, — dans une coupe de terrains de 3 à 4 mètres de hauteur, — permettent au géologue d'observer les couches successivement déposées de sable et de cailloux roulés par les flots, et prouvent par la présence assez rare, il est vrai, de roches perforées par les pholades marines l'action prolongée et le retrait relativement récent des eaux de la mer. Au nord, un peu plus haut, se montre le nouveau chef-lieu de la commune de Saint-Perreux, qui, on ne sait pourquoi, est venue naguères des bords commerçants de la route impériale de Malestroit au passage de l'Oult transporter sur ces collines inhabitées son église et ses maisons d'école. Au sud, les bruyères et les bois de Saint-Jean-la-Poterie s'élèvent couronnés de leurs moulins et de leur jolie église neuve. Et du même côté, tout au bas, au bord des prairies, au confluent de l'Arz, la vieille chapelle de Saint-Jean-des-Marais élance, au travers des saules, sa flèche d'ardoises. Plus loin, après avoir longé les villages de la Bramboyaie, Rainsée, le Val, la Renaudaie, la Meuneraie, d'où l'on découvre, sur l'autre rive de la rivière, la terre du Plessix-Rivaulx, habitation de la famille de Forges, la voie descend vers l'Arz, qu'elle franchit sur un pont en pierres à cintre surbaissé, tout près du bac de la Vacherie; laissant l'Arz remonter sur la droite, arroser les coteaux fertiles couronnés par le bourg de Saint-Vincent; elle s'infléchit à gauche, remonte, en les contournant, des collines schisteuses, remplies d'anciennes carrières d'ardoises inexploitées maintenant, passe au-dessous de la chapelle Saint-Barnabé dont on aperçoit, sous l'if majestueux qui l'abrite presque toute entière, les murailles blanches et proprettes pour atteindre, — après un parcours de 10 kilomètres, la station de Saint-Jacut, établie près du hameau du Temple, à 1,800 mètres est du chef-lieu de la commune.

Si, de la station de Saint-Jacut on se dirige au nord, vers des coteaux qui courent de l'est à l'ouest, ne laissant entre des rochers pittoresquement groupés qu'un étroit passage au ruisseau du moulin de Calléon, et si l'on descend sur le versant opposé, on aperçoit bientôt, au bord d'une vallée marécageuse et triste, sous quelques chênes qui sur son front balancent leurs panaches verts, une ruine couverte de lierre. C'est le vieux manoir de Calléon, délabré, solitaire, inhabité et inhabitable, mais coquettement encadré dans son joli paysage, et offrant encore au crayon de l'artiste, — du bout de son avenue de châtaigniers, — un cachet d'originale beauté. Trois grandes portes, à plein cintre comme toutes les baies du château, donnent accès dans la cour d'honneur, bordée de chaque côté de bâtiments plus modernes. Une tourelle ronde, à demi-éventrée, contient un joli escalier de pierre qui déroule encore jusqu'à son sommet ses élégantes spirales; de hauts pignons à aiguilles élancées flanquent un des côtés, tandis que l'autre, complétement démoli pour servir aux constructions de la ferme, ne présente plus que les énormes cheminées de granit, marquant seules la place des étages écroulés.

Plus vieille que le château de Calléon et non loin de

lui, sur le bord de la rivière, et près du chemin vicinal de Peillac à Allaire, on peut voir encore la chapelle du Pont d'Arz, dont l'architecture annonce l'époque de transition. A deux pas coule doucement la rivière d'Arz, la seule peut-être du pays redonnais où se plaise le délicieux poisson des montagnes bretonnes, la truite, et au-dessus des landes abruptes, — que percent des rochers de schistes, — encadrent la vallée où l'Arz débrouille avec peine son écheveau limpide. De leurs sommets, pauvres et nus, on reporte avec plaisir ses regards sur l'autre rive, riche et boisée, avec ses pentes fertiles et sa ligne de verdure que découpent, entre Saint-Vincent et Peillac, pittoresquement groupés aux deux extrémités, les jolies habitations de Launay et de la Gras.

Saint-Jacut (ou mieux, comme le prononcent les habitants et comme l'écrivaient nos pères, Saint-Jagu) n'est pas loin. Il nous apparaît de l'autre côté des bois de la Tremblaie, avec sa flèche d'ardoises élancée et flanquée, à sa naissance et à chacun des angles du clocher, de quatre petits éteignoirs. Au milieu de ce pauvre bourg, isolé encore et privé jusqu'ici de routes faciles, parmi les tombeaux d'anciens recteurs abrités sous de vieux ifs, l'église paroissiale, reconstruite à diverses époques, déploie son plan irrégulier. Nous avons remarqué, dans l'intérieur de ce laid édifice, de chaque côté et au-dessus des arcs en plein cintre du transept, des écussons sans émaux portant une croix allaisée, cantonnée de quatre croissants.

Dans le cimetière, une chapelle soigneusement entretenue s'élève à côté d'un calvaire moderne et d'une croix ancienne en granit.

Un chemin descend du bourg, et, passant sous le

chemin de fer, conduit, par la chaussée du moulin Eon — dont l'étang profondément encaissé offre un délicieux point de vue, — aux exploitations largement ouvertes jadis, abandonnées, puis reprises depuis quelque temps sur une échelle plus vaste et plus intelligente, du Bois-David ; sur ce coin de terre, si remarquable déjà par ses charmants paysages, on trouve du calcaire et de la marne, du minerai de fer d'une très-grande puissance, et, en fort beaux échantillons, de l'alumine.

Mais passons : l'archéologie nous appelle un peu plus à l'est, au-delà des landes et des bois, vers le Vaudeguyp, dont le château, bâti, dit-on, par Pierre Landais, porte une tourelle élégante, et sur ses fenêtres un ... on triangulaire. S'il ne conserve aucun souvenir d... malheureux ministre du duc François II, il renferme du moins encore l'écusson d'azur à 9 besans d'or des Rieux, et d'or à 3 chevrons d'azur des Kerverien. Nous y avons remarqué, il y a quelques années, des chenets d'un fort beau style qui sont maintenant déposés au musée de la Société polymathique de Vannes.

Le site qui entoure le château est un des plus pittoresques du pays, avec ses grandes allées de chênes et sa fraîche vallée. Le ruisseau qui la traverse s'échappe d'un étang supérieur et se fraie un passage à travers d'énormes blocs granitiques, tapissés de mousse, arrondis, humectés par des sources vives et empilés au fond de la coulée sauvage. Le ruisseau, presque torrent pendant les pluies d'hiver ou après les orages d'été, roule à travers les galets gigantesques, les blanchit de son écume, disparaît sous les blocs pour reparaître un peu plus loin et se perdre encore. On ne saurait, sans l'avoir vu, se faire une

5

idée de cet étrange cataclysme, auquel nous ne pouvons comparer qu'un site moins remarquable peut-être, mais plus remarqué et plus connu : la chute de l'étang du Huelgoat et le *Ménage de la Vierge* dans le Finistère.

Mais, suivant nous, le Vaudeguyp est plus remarquable pour le touriste, et l'archéologue, comme au Huelgoat d'ailleurs, peut, à côté de la main de la nature, reconnaître la main de l'homme.

En effet, sur les collines voisines au-dessus de l'étang et à son extrémité, on trouve des piliers de granit le plus souvent arrondis et creusés de cuvettes et rigoles assez profondes, formant par leur ensemble une sorte de grossier dessin. On sait que ces pierres à bassins, sur lesquelles s'est exercée bien souvent la patiente investigation des archéologues, se trouvent partout à côté d'autres ruines mégalithiques. Dans notre pays, nous en avons découvert un certain nombre à Allaire et même à la Poterie, tout près et à l'ouest du bourg, sur la route d'Allaire. Pour ces monuments qu'improprement sans doute on appelle druidiques et dont on fait remonter l'érection aux migrations celtiques, sans vouloir hasarder notre opinion sur ce sujet, nous renvoyons aux travaux des antiquaires, notamment de M. le Dr Fouquet, et nous attendons un travail qu'un savant archéologue de nos environs doit publier sur ces pierres assez fréquentes dans la commune d'Allaire. Nous engageons à remonter la vallée, bordée çà et là de pierres identiques et remarquables par ses gracieux contours, jusqu'à Deil, où, à côté de monuments du même genre, on trouve un vaste château plus remarquable par sa jolie position dans le paysage que par son architecture qui offre un mélange de tous les styles. Ses magnifiques cultures contrastent bien vivement avec les landes voisines.

On peut suivre, de Deil au bourg d'Allaire, une voie romaine, qui venue de Rieux et se détachant un peu au-dessous du bourg de la voie de Rieux à Vannes, se dirigeait vers le nord par Peillac, franchissait l'Oult au passage nommé encore aujourd'hui le passage des Romains, au-dessous des retranchements de la Chauvaille, et se reliait sans doute au tronçon signalé autrefois par M. Bizeul, dans la paroisse de Rufflac. Fort reconnaissable de Deil à Allaire, ce chemin sert encore aujourd'hui, sur certains points, comme chemin vicinal.

Dans cette partie de la commune d'Allaire, à côté des pierres celtiques et des ruines romaines, les monuments religieux abondaient. A l'est de ce chemin et en allant vers la Poterie, on trouve encore de nos jours les chapelles de S.-Eugèpe, S.-Eutrope et Ste-Barbe, cette dernière qu'on aperçoit très-bien de la voie romaine et qui, suivant Cayot-Delandre (le *Morbihan*), appartiendrait au XVe siècle.

Nous devons encore citer au nord d'Allaire et à 1,500 mètres du bourg, les ruines du château de la Saudraie, aujourd'hui propriété de M. de Chabert, et qui, du chemin vicinal d'Allaire à Saint-Jean-des-Marais, se font remarquer par leurs bâtiments élevés et la tour encore intéressante de l'escalier.

Quant au bourg d'Allaire, bâti, — et assez mal, — sur la route de Redon à Vannes, il n'offre rien de remarquable; — presque toutes ses maisons présentent un perron extérieur, avec marches en pierre; au milieu du bourg, une église, que l'on construit en ce moment, vient bizarrement s'accoler au plan primitif.

C'est sur l'emplacement qu'elle occupe, dans une église dont les derniers vestiges ont disparu, qu'à la fin du IXe siècle (11 juin 878), Allan-Re-Bras reçut, en présence de Libérius, abbé de Redon, et d'une nombreuse suite, l'onction sainte d'Armengarius, évêque de Nantes, et donna à cette occasion, aux moines, la presqu'île d'Arzon.

Dix ans plus tard (novembre 888), dans le *plebs condita* d'Allaire, le fils d'Alain, Guerech, tomba dangereusement malade dans le village de Bren-Hermelin, chez un habitant nommé Lenworeth. On fit savoir en hâte cette nouvelle au duc, qui se reposait alors des fatigues de la guerre dans son château de Rieux et qui, accouru en hâte, donna à Fulchric, abbé de Redon, et à ses moines, pour l'engager à demander à Dieu par leurs prières le salut de son fils, deux vastes domaines sur lesquels se sont élevés plus tard les prieurés de Marsac et de Massérac. Les religieux se mirent en prières, et à peine le bruit des cloches du monastère annonçait-il l'office monastique que le malade, pris d'une sueur abondante, éprouva une crise salutaire et fut miraculeusement guéri.

Le bourg d'Allaire n'a aucune industrie ; mais près de lui, à Saint-Jean-la-Poterie, on s'occupe sur une assez large échelle de l'exploitation d'argiles, de la fabrication et de l'exportation des poteries. Dès le moyen-âge, il y avait à Saint-Jean une communauté de potiers qui relevait des seigneurs de Rieux, suivant un document important découvert et publié en 1858 par le savant archiviste de la préfecture de Vannes, M. Rosenzweig.

Dans cette pièce curieuse, nous avons remarqué les clauses suivantes, assez restrictives suivant nous,

de la libre production et du développement industriel :

« Au village de la Potterie, il y a communauté et
maîtrise de poterie, et ne peut aucun pottier, qui est fils
de maître, se faire recevoir que par l'agrément dudit
seigneur. »

Le comte de Rieux ne peut établir dans toute sa vie
qu'un seul nouveau potier, mais il a le droit de nommer
tous les ans « six conteurs et deux revoyeurs pour
prendre garde si aucun potier fait plus grand nombre
de pots que ce qu'il doit par jour...

» Les potiers mariés ne peuvent faire plus de trois
douzaines et demye de pots par jour, et par veuf ou
veuve deux douzaines. »

Les *potiers* ne peuvent cuire leurs pots les vigiles
de fêtes commandées, ni en vendre le dimanche, jour
qu'à notre époque ils choisissent pour étaler leurs
marchandises dans les paroisses voisines, ce qui, sans
nuire à la piété des habitants, favorise beaucoup plus
que l'ancienne défense l'essor du mouvement industriel.

Ils ne peuvent encore — on ne sait pourquoi — faire
des pots depuis le jour de saint Nicolas (6 décembre)
jusqu'au premier jour de mars sans la permission du
maître.

De plus, « chacun pottier marié doit audit seigneur
comte seize sols et un pot par chacun an au deuxième
de may, payables sans assignation au devant de la chapelle de Saint-Jacques, et en outre doivent lesdits pottiers mariés chacun deux journées d'aoust.

Item audit seigneur advouant appartient la chapel-
lenye de Saint-Jacques...

Item est deub audit seigneur par les pottiers dudit Rieux une livre de poivre par chacune année qui doit être présentée par l'un desdits pottiers la veille de Noel, à la messe de minuit. »

Aujourd'hui que toutes ces entraves ne viennent plus gêner son industrie, le bourg de Saint-Jean-la-Poterie a mérité, par son importance, d'être démembré de Rieux dont il n'était qu'une trève. Il forme une riche commune du Morbihan, et à la fabrication des pots, joint l'exploitation de belles carrières de granit. Il vient de construire une jolie église, dont on aperçoit, de bien loin, dans la Loire-Inférieure et l'Ille-et-Vilaine, la flèche élancée.

Mais la route de Vannes à Redon ne passe plus comme autrefois sur la chaussée du petit étang de la Poterie, et ne porte plus sur ses bords les maisons du bourg, gracieusement étagées sur les deux versants de la vallée. Soulevée par toutes les collines qui courent du nord au sud, et de leur sommet retombant par des pentes abruptes dans les coulées, elle était d'un parcours extrêmement difficile et dangereux. Elle a été remplacée par une route qui descend le long du ruisseau de la Bousselaie, en suivant la jolie vallée où près de son étang repose le manoir de la Bousselaie, cité dès 1503 dans un titre intéressant au point de vue de la géographie des domaines congéables, appartenant à la Société archéologique d'Ille-et-Vilaine. Cette route rectifiée contourne tous les coteaux et par des pentes insensibles, après avoir à Feridor reçu le chemin de Rieux, atteint le village d'Auquefer ; — mais nous lui préférons — et nous engageons le touriste à en faire autant, — la vieille route avec ses pentes escarpées, ses jolies échappées de vue dans les vallées, son charmant paysage de la Poterie, et près des moulins de Saint-Jean la magnifique perspective qui se déploie aux regards étonnés, avant de descendre par une pente raide jusqu'à Auquefer, d'où l'on regagne bientôt Redon.

QUATORZIÈME EXCURSION.

ROCHEFORT-EN-TERRE.

Par chemin de fer à la station de Malansac, ou mieux en voiture particulière : Départ par la route de Malestroit; — Saint-Barthélemy; — Saint-Perreux (5 kilomètres de Redon), Boro; — Saint-Vincent-sur-Oult (11 kilomètres de Redon), Launay, La Gras, Peillac (17 kilomètres de Redon), le Brossay; — Saint-Gravé (21 kilomètres de Redon), Lanvaux, Cancouët; — Rochefort-en-Terre (27 kilomètres de Redon); — Malansac (5 kilomètres de Rochefort, 21 kilomètres de Redon).

Au chevet de l'ancienne chapelle du prieuré de Saint-Barthélemy, la route de Redon à Malestroit se sépare vers la gauche de celle de la Gacilly, croise quelques pas plus loin la voie romaine de Rieux vers le nord, et descend vers le canal de Brest qu'elle longe un instant, puis qu'elle traverse sur la passerelle des Marionnettes, pour atteindre à travers les marais de Mussain, sur une chaussée exhaussée en 1867 et maintenant insubmersible, les bords de l'Oult, et au bout du pont suspendu construit en 1836, le bourg de Saint-Perreux, peuplé de mariniers et de charpentiers, constructeurs de bateaux.

Saint-Perreux (ou Perreuc), ancienne trève de Saint-Vincent-sur-Oult, n'est plus, depuis quelques années, le centre de la commune et de la paroisse. Le chef-lieu administratif a été transporté 1,500 mètres plus loin vers le sud, au village de l'Abbaye. Le vieux bourg a cependant conservé sa vieille église au milieu des ifs du cimetière, avec flèche en ardoises sur l'intertransept, contreforts simples peu saillants et fenêtres à cintre brisé.

Avant la Révolution, Saint-Perreux, qui serait, dit-on, le village de Resac, mentionné dès le XIᵉ siècle dans le Cartulaire de Redon, relevait des sires de Rieux. Entre autres *debvoirs* seigneuriaux, ses habitants étaient tenus à la redevance de la soule, que fournissait le jour de Noël le dernier marié de l'année, et que deux partis se disputaient l'honneur d'amener au but fixé. Ce n'était pas sans de vives luttes de part et d'autre ; aussi en 1680, un homme fut tué pendant la partie engagée, et le sire de Rieux, à la requête du desservant de la paroisse, changea ce droit de soule en une rente de dix sous au profit de l'Eglise.

Les moines de Redon avaient obtenu des seigneurs de Rieux la concession exclusive des pêcheries dans l'Oult et l'Arz pour l'alose et le caumon : pêche continuée de nos jours par les riverains, mais bien peu productive depuis les travaux de canalisation.

En 1605, tout le pays de Saint-Perreux fut décimé par la peste. Dans la paroisse, peuplée alors de 645 habitants, il ne survécut à cette horrible épidémie que 43 personnes.

En 1793, Saint-Perreux fut le théâtre d'un engagement entre les troupes républicaines et les habitants ameutés pour empêcher le passage des soldats. Ceux-ci franchirent la rivière quand même, et se vengèrent par le pillage de quelques maisons et l'exécution de quelques chouans des plus acharnés qui furent fusillés près du cimetière actuel.

Signalons avant de quitter le bourg une élégante croix de granit près de l'église, et, plus haut, une vieille maison avec tourelle cylindrique et moucharaby.

A une demi-lieue de Saint-Perreux, au pied des moulins à vent, au-delà de la Gras et des rochers de la Beau-Louise, on découvre de fort loin, et on peut suivre, dans un magnifique panorama, le cours de l'Oult canalisé, vers Bougros, et de son affluent l'Arz, vers Rochefort. On descend ensuite vers les bois et le château de Boro, dont les seigneurs, mentionnés dès le XVe siècle, restèrent jusqu'à la Révolution propriétaires du bac de Saint-Perreux, et l'on remonte au bourg de Saint-Vincent-sur-Oult, dont la flèche élancée s'aperçoit à une grande distance.

L'église de Saint-Vincent ne possède plus les beaux vitraux aux armes de Rieux que signalait Ogée. Elle n'offre qu'un intérêt médiocre, malgré une assez bonne toile de la Vierge dans le contre-rétable du transept nord, malgré la forme polygonale des croisillons et de l'abside. Le transept sud, lambrissé, comme le reste de l'église, en bois, porte sur ses sablières des têtes en relief. Ses entraits reposent dans des gueules de crocodiles, et à la base du poinçon, on lit la date de la réédification de cette partie de l'édifice, 1629. A la porte méridionale, deux pierres tombales recouvrent deux membres de la famille de la Landelle. La plus extérieure est chargée de deux écussons ovales accolés, aux armes de cette maison, surmontés d'une couronne comtale, sous cette dalle, comme l'indique l'épitaphe, « gist le corps de dame Marie-Josèphe de la Landelle, dame de Kéridec, » décédée à Saint-Vincent en 1771.

Dans le cimetière, on remarque une jolie croix de granit remontant sans doute au XVᵉ siècle, et une vieille aubépine taillée en calvaire d'une façon originale, et vis-à-vis l'église une maison avec tourelle cylindrique et croisées à frontons triangulaires.

Les antiquaires notent encore, sur la commune de Saint-Vincent, — nous ne savons dans quelle partie, — le passage d'une voie romaine, et non loin du bourg la butte circulaire remplie de substructions, dans lesquelles fut découverte en 1856 une médaille de Dioclétien.

Entre Saint-Vincent et Peillac, au midi de la route, on rencontre successivement le château moderne de Launay, flanqué de ses élégantes tourelles, et construit, depuis peu, sur les ruines d'un ancien manoir, et celui de la Gras, cité dès 1290 avec le châtelain qui l'habitait alors, Robert de la Lande.

Près de la Gras, la chapelle modeste de Saint-Julien appelle l'attention sur la voie romaine, qui, de Rieux par le territoire de Saint-Jacut, allait traverser l'Oult à deux kilomètres au nord du bourg de Peillac, au-dessous du château ruiné de Cranhac, à l'endroit nommé encore le Passage des Romains et défendu autrefois par les fortifications du bois de la Chauvaille.

Peillac est l'ancien *Poliac* du Cartulaire de Redon (IXᵉ siècle). Le bourg, assez important, a conservé quelques maisons de la renaissance, une halle, et dans le cimetière, un *leck* qu'il serait intéressant de fouiller. L'Eglise paroissiale est moderne. Pavée en dalles tumulaires du XVIIIᵉ siècle pour la plupart, elle a des

autels renaissance avec colonnes, entablements, acro-
tères, etc.; le principal présente, sur le soubassement
des colonnes du contre-rétable, quatre peintures assez
curieuses, représentantl'Annonciation, la Nativité, l'A-
doration des Mages, la Circoncision. Derrière l'autel
méridional, un tableau de la Vierge, encadré de petits
sujets formant autour de la toile une guirlande de
médaillons, présente à un de ses angles inférieurs cette
signature : *Priez pour qui m'a fait. L'abbé Lambert.*

A deux kilomètres de Peillac, on rencontre, à gauche
de la route, les ruines du Bignon, château reconstruit
à l'époque de la Renaissance, et possédé au XVIᵉ siècle
par la famille de Villeneuve, puis par la maison de
Bignon.

Un peu plus loin, on trouve un dolmen brisé, qui
annonce que nous approchons de la lande druidique de
Lanvaux, semée de pierres remuées. Avant d'entrer
sur la lande, on longe les belles futaies derrière lesquelles s'abrite la charmante habitation du Brossay
et on traverse le bourg de Saint-Gravé.

En entrant à Saint-Gravé on peut voir, sur une maison du bourg, un écusson en granit.

L'église, entourée de vieux ifs et surmontée d'une
flèche en ardoises fort élancée, a été remaniée à bien
des époques, et de nos jours encore. Elle conserve,
dans le mur méridional de la nef, des baies ogivales à
meneaux flamboyants.

En sortant de Saint-Gravé, on quitte la route de Malestroit pour prendre à gauche celle de Rochefort.
Bientôt on atteint un énorme fossé de retranchement,
remarquable encore par la largeur de ses parapets et
la position qu'il occupe sur un point culminant. De là,
vers l'ouest, jusqu'où la vue peut s'étendre, sur cette

lande de Lanvaux, triste et monotone, sans arbres, sans abris, apparaissent dans les bruyères une étonnante quantité de pierres arrondies ou anguleuses, de menhirs renversés ou dressés, d'autels brisés, de dolmens mutilés, de monuments sans nom, sans forme connue, sans destination apparente ; immense carneillou dont l'origine est un mystère, dont le but échappe au savant comme à l'ignorant, mais qui, dans son vaste ensemble, au milieu des solitudes de Lanvaux, frappe vivement l'imagination du voyageur.

Pour ne pas s'égarer dans ces déserts, à peine fréquentés par quelques pâtres, un guide est absolument nécessaire ; nous en recommandons un, guide sûr, conteur aimable, le seul peut-être qui connaisse parfaitement ces steppes de Lanvaux et leurs monuments mégalithiques, et le premier qui, par des fouilles sérieuses et d'ingénieuses inductions, les ait fait connaître à la Société polymathique du Morbihan, M. Fouquet (*Guide des touristes et des archéologues dans le Morbihan*). Nous ne suivrons pas notre savant collègue dans ses belles excursions sur Lanvaux ; nous ne décrirons pas après lui les pierres de Mesny et du Haut-Brambien, les autels curieusement sculptés de la Butte-du-Brétin, les roches de Pleucadeuc, et la belle allée couverte entre Bignac et Carhon ; nous rappelons seulement que, sur la gauche de la route de Saint-Gravé à Rochefort, près du vieux château de Cancouët, cité dans les aveux dès le XV⁰ siècle et remarquable encore au bord de son étang fangeux, se cache sous un taillis de châtaigniers le beau dolmen, un peu engagé dans les terres d'un ancien tumulus connu sous le nom de la *Maison des Follets*.

Bientôt on entre dans les bois de Brambien et Coetzo,

et l'on suit un frais ruisseau, pour descendre sur les bords de l'Arz. De loin apparaît, par une ravissante échappée, la ville de Rochefort, couronnée de ses ruines seigneuriales et de la chapelle ogivale construite en 1854.

On y arrive après avoir traversé l'Arz par une entaille profonde, creusée par quelque cataclysme à travers la chaîne des roches schisteuses, et par un faubourg relié à la ville par une rampe assez raide pour les chevaux et des escaliers assez difficiles pour les piétons.

La ville de Rochefort est extrêmement curieuse. Bien qu'elle ait perdu son châtelet à porche sombre, sous lequel passait la grande route, et quelques maisons intéressantes, elle conserve encore bien des antiquités que l'archéologue étudie avec plaisir, le château, l'église de la Tronchaie, etc.

Le château, dont on voit aujourd'hui les ruines, remontait à la fin du XVIe siècle. Il fut construit sur l'emplacement d'un autre manoir, édifié, dit-on, au XIe siècle et détruit pendant la Ligue. Pris et brûlé en 1793, le château moderne offre encore des pans de murs d'une grande solidité, des restes de tours, l'une d'elles ayant servi de chapelle, des fortifications assez bien conservées, et des souterrains, qui, dit la tradition, se divisaient en trois branches, l'une descendant vers la rivière pour fournir en cas de siége l'eau aux défenseurs de cette forteresse, l'autre reliant entre elles beaucoup de maisons de la ville et sur certains points reconnaissable encore. Le troisième enfin, que nous n'avons pas retrouvé, mais que la légende locale signale encore, se dirigeait tout droit..... chez le diable.

On voit encore dans l'herbe, et sous les ronces, des sculptures mutilées et des restes reconnaissables d'écussons.

C'était, au moyen-âge, une haute et puissante famille que celle qui habitait ce château, maintenant ruiné comme elle. Le premier de ses membres est sans doute ce Jarnogon qui, dès le XIIᵉ siècle, donna des rentes aux moines de Marmoutiers. Au XIVᵉ siècle, nous trouvons Thébaut de Rochefort, pour lequel la seigneurie fut érigée en châtellenie, par le duc Jean 1, et un vaillant seigneur de la même maison, Guy de Rochefort, le compagnon d'armes de Beaumanoir, l'illustre champion du combat des Trente, l'ambassadeur en France de Jean de Montfort.

Vers la même époque (février 1374), par le mariage de Jeanne de Rochefort avec Jean II de Rieux, la seigneurie de Rochefort passa dans la maison de Rieux ; elle fut ensuite possédée par les familles de Lorraine-Elbœuf, enfin par les Hay des Nétumières. C'était une fort importante seigneurie, avec haute, basse et moyenne justice, ferme-droit, fief de haubert, justice à feu et à sang, fourches patibulaires à quatre poteaux, ceps et colliers, avec juridiction souveraine sur les paroisses de Rochefort, Malansac, Pluherlin, Pleucadeuc, Questembert, Elven, Molac, Berric et Sulniac.

Entre autres droits féodaux, — énumérés fort au long dans une série d'aveux découverts aux archives de Nantes par M. de la Borderie, — nous remarquons « un debvoir appelé le *jeu au duc*, lequel se faict avec une beste feinte, nommée *drague*, et son poulichot, commenczant le mardy après la Penthecouste, et dure celluy jour et le lendemain. »

Cette *beste feinte*, qui n'était autre chose qu'une

espèce de charpente en bois, représentant grossièrement un dragon ; cette *drague*, disons-nous, « couverte de tapisserie, o son poulichot, » devait être conduite au château, pendant les deux jours de fête, trois fois par jour, par un habitant nommé le « duc d'amour, » précédée « de sonneurs, tant gros-bois que autres, » pour faire danser « à la halle et cohue. »

A la fin de chaque année, ce « duc d'amour » devait encore « par les maysons de la ville et forbourgs de Rochefort, chercher filasses, pour en faire feu, » et près de ce feu de joie, conduire « la derroine (dernière) mariée audict an, » qui devait chanter une chanson nouvelle.

Le même jour, « l'homme derroin marié était tenu bailler ès mains dudit sire (de Rochefort) ou son chastelain, une soule, qu'il devait getter par dessus le four à ban de ladicte ville, ayant un pied bitant contre le mur du cymetière de Notre-Dame-de-la-Tronchaye, et si ledict marié ne pouvoit passer ladicte soule de franc par dessus ledict four, il estoit tenu payer l'amende audict seigneur. »

Un sire de Rochefort, Jean de Rieux, maréchal de Bretagne, avait établi à Rochefort la collégiale de la Tronchaie, avec six chapelains et un doyen. Cette fondation temporaire devint perpétuelle, par lettre du 1er juin 1527, de Claude, sire de Rieux et Rochefort, et a subsisté jusqu'à la Révolution.

L'église collégiale, devenue l'église paroissiale, est restée sous le vocable de Notre-Dame-de-la-Tronchaie. C'est un édifice irrégulier, à demi-enfoui, du côté nord, sous les terres du cimetière, et malgré cela d'un assez bel effet, avec ses pignons aigus, chargés de choux, de crosses, de griffons et de gargouilles représentant des animaux fantastiques. A l'intérieur, elle présente quatre nefs, séparées par des piliers octogones ou arrondis, la plus méridionale ajoutée postérieurement et présentant des baies à lancettes. C'est au haut de ce collatéral que se trouve l'autel principal. Le collatéral nord est percé de fenêtres à meneaux flamboyants, construites au XVIᵉ siècle comme l'indique une inscription gothique gravée à gauche du portail, sur un contrefort : *an l'an mil VᶜᶜᶜᶜᶜXXXIII, fut ceste œuvre parfaite.* Dans la nef principale, on remarque sur les sablières les armes de Claude de Rieux, mort en 1532, et des personnages fantastiques, des animaux grimaçants, une truie qui file, etc., et au-dessus de l'arcade triomphale de l' ·ter-transept, un jubé en bois chargé de sculptures en bas-reliefs et surmonté d'un christ sous un dais de style flamboyant. Dans les autels néo-grecs, parmi les statues qui les décorent, on en remarque deux, un saint Joseph et une Vierge, qui sont, dit-on, les statues d'un sire de Rochefort et sa femme, arrachées d'un tombeau, lors de la violation, pendant la Révolution, de l'enfeu seigneurial. Cette transformation, qui semble un peu singulière, est attestée par tous nos écrivains et M. Pol de Courcy lui-même. Elle n'est pas spéciale à Rochefort, et nous pourrions citer une paroisse où une Vénus, exhumée dans des fouilles et habillée de neuf, est devenue Vierge et figure à côté du maître-autel.

Une porte pratiquée entre les deux autels du milieu donne accès dans l'abside. Cette partie de l'église, allongée et éclairée par des fenêtres flamboyantes, renferme les stalles en chêne de l'ancien chapitre. Sur le dossier des stalles du premier rang, on peut lire, en capitales romaines, les noms des chapelains qui les occupaient à la fin du XVIᵉ siècle.

Du côté gauche : MISIRE : G : GVIHO : MESERE : IVLIEN : GVINOES : 1592 : — MISIRE : F : ANDRE : CHANTRE : ET : C.

Du côté droit : MISIRE : IAQ : MILON : DOIAN : — MESIRE : F : LECADRE : MISIRE : L : GVINOES : MISERE : P : PEDRON.

Auprès de l'église, un vieux calvaire de granit, chargé de personnages et présentant à sa base, en bas-relief, diverses scènes de la Passion, semble appartenir au XVe siècle.

Quelques maisons du même âge existent encore dans la ville. Les plus communes sont des XVIe et XVIIe siècles. Leurs portes sont surmontées de linteaux historiés, d'ornements en relief. L'une d'elles, sur la place, est flanquée d'une tourelle hexagone à encorbellement, supportée à sa base d'amortissement par un animal fantastique.

Dans les environs de Rochefort, les ruines romaines abondent. L'abbé Marot, ancien recteur de Rochefort, mort en 1865, en a découvert à la Grée-Mahé, au Meteno, à la Ville-Julo, etc. Les plus intéressantes sont celles de la Grée-Mahé, où des fouilles récentes, dirigées par M. Fouquet, ont mis à nu un édicule polygonal très-remarquable.

Au sud-ouest de Rochefort, tout près des dernières maisons, au-dessus d'un beau lac, sous de grands arbres, se cachent les ruines de la chapelle ogivale de Saint-Fiacre, admirablement encadrée dans un charmant paysage. C'est à l'est de Saint-Fiacre, près de la Loulaie, que se voit le monument mégalithique connu sous le nom de la Butte-aux-Follets.

Malansac n'est qu'à 5 kilomètres de Rochefort. La route qui relie ces deux localités longe, en sortant de Rochefort, le champ de foire, où s'élève la chapelle Saint-Michel, dernier vestige d'une commanderie de Templiers. Elle monte ensuite à la Ville-Julo et reçoit près de là le chemin qui dessert les ardoisières de Guen-Foll.

Ces carrières, les plus importantes de Bretagne, occupent plus de quatre cents ouvriers. Exploitées depuis quelques années par une société riche et puissante, habilement dirigées et situées dans une bonne position, à 3 kilomètres de la station de Malansac, à 8 kilomètres du canal de Nantes à Brest, elles ont pris dans ces derniers temps une extension considérable, en rapport avec les progrès de l'industrie moderne. Elles peuvent à peine fournir aux demandes nombreuses qu'elles reçoivent de tout le littoral breton, des villes de Rennes, de l'Ille-et-Vilaine et de Nantes même, plus rapprochée cependant des ardoisières d'Angers. On visite avec intérêt cette exploitation ouverte sur une large échelle, son matériel renouvelé depuis deux ans, ses machines à vapeur et à manége pour l'épuisement des eaux et la sortie des schistes, ses rues bordées de fendeurs et où courent sur des rails les wagons pleins de pierres; enfin, près de la carrière, la cité ouvrière, où les ouvriers peuvent trouver à bon marché des logements salubres entourés d'un jardinet, tandis qu'une caisse de secours, fondée par la nouvelle direction, leur assure, en cas de maladie, une existence moins précaire et des secours plus efficaces.

En suivant, au-delà de ces vastes carrières, la crête schisteuse des collines, on arrive bientôt au couvent de Saint-François-de-Bodelio, fondé en 1440 par Jean

de Rieux et devenu avant la Révolution une maison de
force. Du point qu'occupait ce monastère — dont les
ruines offrent peu d'intérêt, — on jouit d'une vue magnifique sur les coteaux qui, vers le nord, au-delà de
l'Arz, portent les belles futaies et le manoir du Brossay.

Près de là, au midi des ruines, s'étend le parc de
Bodelio, d'une contenance de 367 hectares, clos de
murs, ancienne dépendance de la seigneurie de Rochefort, réserve de gibier pour les chasses princières,
belle forêt exploitée successivement par une compagnie du chemin de fer et par les concessionnaires du
brevet Boucherie pour l'imbibition et la conservation
des bois, et transformée, entre les mains du propriétaire actuel, en une magnifique terre de revenu et
d'agrément.

Dans le parc, citons aux antiquaires les ruines de
la chapelle Saint-Jacques à l'extrémité de l'étang, et
aux touristes, les bords de ce beau lac, où d'une façon
si pittoresque viennent des deux rives se pencher pour
se regarder dans l'eau limpide les arbres et les rochers.

Un peu au-delà de l'avenue de Bodelio, la route de
Rochefort à Malansac laisse à droite, au fond de sa
belle avenue d'épicéas, le château de la Grationnaye,
ancienne propriété des sires de Talhouët.

Quinze cents mètres plus loin, on arrive à Malansac,
gros bourg qui s'occupe sur une assez grande échelle
de la fabrication et de la vente des poteries. Dans
l'église, toute moderne, récemment augmentée
d'un clocher quadrangulaire à contreforts extrêmement saillants, on remarque beaucoup de pierres
tombales formant dallage. Malheureusement on ne

retrouve plus le riche bahut qui renfermait les que-
nouilles et, avec ses fines sculptures, était une œuvre
d'art.

De Malansac on peut, pour rentrer à Redon, choisir
le chemin de fer ou la route par Allaire et Aucfer.

PRIX DES PLACES

Par Chemin de fer (Pour l'heure des trains, voir les Indicateurs).

RÉSEAU D'ORLÉANS.

Ligne de Vannes.

DE REDON A LA STATION DE :

			1re classe.		2e classe.		3e classe.	
9 kil.	Saint-Jacut	1f	»	»f	75	»f	55
18 kil.	Malansac.........	2	»	1	50	1	10
29 kil.	Questembert......	3	25	2	45	1	80
44 kil.	Elven...........	4	95	3	70	2	70
55 kil.	Vannes	6	15	4	65	3	45
71 kil.	Sainte-Anne	7	95	5	95	4	35
74 kil.	Auray...........	8	30	6	20	4	55
109 kil.	Lorient	12	20	9	15	6	70

Ligne de Nantes et Saint-Nazaire.

DE REDON A LA STATION DE :

			1re classe.		2e classe.		3e classe.	
13 kil.	Sévérac..........	1f	45	1f	10	»f	80
18 kil.	Saint-Gildas	2	»	1	50	1	10
22 kil.	Drefféac..........	2	45	1	85	1	35
28 kil.	Pontchâteau	3	15	2	35	1	70
42 kil.	Savenay	4	70	3	55	2	60
81 kil.	Nantes...........	8	70	6	55	4	60
67 kil.	Saint-Nazaire......	7	50	5	65	4	15

RÉSEAU DE L'OUEST.

Ligne de Rennes.

DE REDON A LA STATION DE :

		1re classe.	2e classe.	3e classe.
8 kil.	Avessac..........	»ᶜ 90	»ᶜ 65	»ᶜ 50
19 kil.	Beslé............	2 15	1 60	1 15
23 kil.	Fougeray-Langon ..	2 60	1 95	1 40
35 kil.	Messac...........	3 90	2 95	2 15
42 kil.	Bain-Lohéac.......	4 70	3 55	2 60
50 kil.	Bourg-des-Comptes.	5 60	4 20	3 10
71 kil.	Rennes	8 05	6 05	4 45

ALLER ET RETOUR.

		1re classe.	2e classe.	3e classe.
De Redon à	Avessac........	1 20	» 90	» 70
—	Beslé..........	2 90	2 10	1 50
—	Fougeray-Langon.	3 50	2 60	1 90
—	Messac.........	5 30	3 90	2 80
—	Bain-Lohéac.....	6 30	4 80	3 50

VOITURES PUBLIQUES.

De *Redon* à la Gacilly, — Carantoir, — Guer.

De *Malansac* à Rochefort (omnibus compris dans le prix du chemin de fer).

De *Questembert* à Ploërmel, — Muzillac.

De *Pontchâteau* à la Bretêche, — Missillac, — La Roche-Bernard.

De *Beslé* à Guéméné (0 fr. 60 c.), — Blain.

De *Messac* à Pipriac, — Lohéac, — Bain.

De *Bain-Lohéac* à Bain.

De *Bourg-des-Comptes* à Guichen.

TABLE ALPHABÉTIQUE.

TABLE DES MATIÈRES.

*

CHANTIERS DE CONSTRUCTION

A REDON

MABON Père & Fils

ATELIERS DE FORGE POUR LA MARINE

TRAVAUX MÉCANIQUES

CHARRONNAGE. — MATÉRIEL D'ENTREPRENEUR

DÉPOT DE CHARBONS

CHANTIERS DE CONSTRUCTION

SCIERIE MÉCANIQUE

ARDOISIÈRES

DE ROCHEFORT-EN-TERRE (Morbihan)

J.-M. SIMON & CIE

ARDOISES ÉCHANTILLONNÉES

ARDOISES DITES DU PAYS

ARDOISES MODÈLES ANGLAIS

N. B. — Pour les demandes, s'adresser directement à MM. *J.-M. Simon et Cie*, *à Rochefort-en-Terre* (Morbihan).

FABRIQUE SPÉCIALE
DE MACHINES ET INSTRUMENTS D'AGRICULTURE

GARNIER ET Cie

INGÉNIEURS-MÉCANICIENS, CONSTRUCTEURS
Quai du Bassin, A REDON (Ille-et-Vilaine)

89 MÉDAILLES (MÉDAILLES D'OR, D'ARGENT ET DE BRONZE) obtenues depuis 5 années
2 MÉDAILLES A L'EXPOSITION UNIVERSELLE 1867

Charrue n° 1, 1re série, montée sur roues inégales.

Charrue n° 1, 1re série, montée sur roues inégales.

— 173 —

Charrues, Herses, Houes à cheval, Butteurs, Semoirs, Fouilleuses, Pelles à cheval, Extirpateurs, Rouleaux, Râteaux à cheval, etc., etc., et tous instruments d'extérieur. — Machines à battre les grains, Tarares, Coupe-racines, Dépulpeurs, Hache-paille, Broyeur d'ajoncs, Pressoirs et Vis de pressoirs, Barattes, etc. — Scieries à scie circulaire, Faucheuses, Faneuses, Grilles et Ponts en fer, Barrières de toutes formes et dimensions, Transmissions de mouvement, etc.

RIALLAND

COIFFEUR-PARFUMEUR

REDON, GRANDE-RUE, N° 27

BROSSERIE FINE EN TOUT GENRE

BRETELLES. — CRAVATES. — FAUX-COLS, HAUTE NOUVEAUTÉ

GRAND CHOIX DE CHAUSSETTES

PARFUMERIE FINE

Pommade contre les Pellicules et la Chûte des Cheveux

LAIT D'IRIS. — LAIT ANTÉPHÉLIQUE DE CANDÈS

COLD-CREAM POUR LE RAFRAICHISSEMENT DE LA PEAU

EAU DES FÉES

Pour la jeunesse perpétuelle des Cheveux et de la Barbe.

ANCIENNE MAISON GIACOMETTI

FILLION-FERRARY

Patissier-Confiseur

Ex-Chef des principales Maisons de Paris

Successeur de Mme Ve RIALLAND

Grande-Rue, à REDON (Ille-et-Vilaine)

PATÉS DE CHASSE. — GATEAUX DE VOYAGE

Dépôt de Vins fins et spiritueux (vieux),
Liqueurs, Sirops, Thés, Chocolats, Conserves
alimentaires, Fruits et Marrons glacés.

Spécialité de **PIÈCES MONTÉES** en tous genres

ENTREMETS ET GATEAUX DE SOIRÉE. — RAFRAICHISSEMENTS POUR BALS

GLACES et SORBETS à tous parfums

NOTA. — La Maison entreprend
LES GRANDS DINERS

L. GUIHAIRE Fils

A REDON (Ille-et-Vilaine).

IMPRESSIONS EN TOUT GENRE

Correspondance de la Maison OBERTHUR et FILS, imprimeurs des Postes, des Chemins de fer de l'Ouest, des Voitures de Paris, de la Préfecture d'Ille-et-Vilaine, de l'Académie de Rennes, des Grands Magasins de nouveautés de Paris et de la province, etc., etc., etc.

AUTOGRAPHIE, LITHOGRAPHIE, GRAVURE SUR PIERRE

N. B. — Les travaux lithographiques sont exécutés avec une perfection qui ne peut s'obtenir que dans les Maisons importantes. — Les imprimeries de petite ville n'ont pas de presses lithographiques.

CARTES DE VISITE

FRANCO AVEC PRIME

(50 enveloppes par chaque cent de cartes de *gravure différente*, TIMBRÉES au chiffre du client.)

PLACE DE L'ANCIENNE-HALLE

Maison Lemonnier-Pellan

MAGASINS AU PREMIER ÉTAGE.

L. GUIHAIRE Fils

A REDON (Ille-et-Vilaine)

LIBRAIRIE

Livres neufs et d'occasion à prix réduits

Livres de première Communion; Livres de Mariage; Paroissiens; Imitation de J.-C.; Imitation de la S.-V.; Visites au S.-S.; Combat spirituel; Introduction à la vie dévote; Recueil de prières de Mme de Flavigny, etc., etc.

LOCATION DE LIVRES

(Depuis 0 fr. 10 pour les in-12)

2,500 Volumes sont actuellement en location

PLACE DE L'ANCIENNE-HALLE

Maison Lemonnier-Pellan

MAGASINS AU PREMIER ÉTAGE

L. GUIHAIRE Fils

A REDON (Ille-et-Vilaine)

PAPETERIE

Articles de Bureau et de Dessin

Papier écolier; Papier à lettres in-4°, in-8°, in-16; coquille, écu, couronne, mignonnette; blanc, azuré, couleurs; Enveloppes de tous modèles (**dépôt de la Fabrique de MM. Oberthur et Fils**). — Plumes; Porte-plumes; Crayons; Règles; Encre Mathieu-Plessy; Encre N. Antoine; Encre Devillers; Encre à copier; Encre à marquer; Encre à timbrer; Fil de bureau; Papiers à dessin; Couleurs; Pinceaux; Canifs; Grattoirs; Poinçons, etc., etc. — Etiquettes à liqueurs.

REGISTRES ET CARTONS DE BUREAU

RELIURES EN TOUS GENRES

NUMÉROTAGE MÉCANIQUE

Timbrage de Papiers à lettres en relief, sans frais.
Timbrage en couleur : 1 fr. 25 les 25 lettres et les 25 enveloppes

PLACE DE L'ANCIENNE-HALLE

Maison Lemonnier-Pellan

MAGASINS AU PREMIER ÉTAGE

L. GUIHAIRE Fils

A REDON (Ille-et-Vilaine)

MUSIQUE

Correspondance de la Maison BONNEL, Rennes et Rouen

Musique pour piano ; Musique de danse ; Musique de chant.

Éditions à bon marché pour piano et chant, piano seul, violon, flûte, cornet, etc., etc.

PHOTOGRAPHIE

Photographie magique. — Epreuves carte de visite. — Vues de Redon. — Albums. — Stéréoscopes.

CHIMIE AMUSANTE

PLACE DE L'ANCIENNE-HALLE

Maison Lemonnier-Pellan

MAGASINS AU PREMIER ÉTAGE

www.ingramcontent.com/pod-product-compliance
Lightning Source LLC
Chambersburg PA
CBHW072038080426
42733CB00010B/1930